不OK的我們也很好

里歐
夫夫之道
阿凱
——著

楔子

曾經做過一場夢。夢裡有座村子，裡面有兩座高聳入雲霄的通天巨塔，村中似乎有個慣例，每隔幾年便會選出兩個人挑戰攀爬這兩座高塔。誰能先登上塔的頂端，就能獲得幸福。

在夢裡，我是其中一位挑戰者，當時還看不清另一個挑戰者是誰，只知道我勢在必得。到了當天，村裡所有人都前來圍觀這場盛大的活動，隨著鼓聲敲響，比賽開始。

望向天空，塔頂深陷雲中，看不見終點在哪裡？只能無止盡地向上攀登。雖然我很迅速地向上攀爬，但另一位競爭者不容小覷，眼看就快要超越我，接近終點。

就在我們兩人接近平行時，心急之下，我一把抓住他，將他往塔底用力扯下——就在他快要掉下去時，我才終於看清楚那另一位挑戰者的臉孔。他就是我的另一半，里歐。

夢中，我默默對他說：「對不起，這場比賽我非贏不可，也因此對你有所虧欠。如果有來生，我會擋在你身前，彌補我這一次的抉擇。」

交往九年以來，我不時會回想起這場夢。腦內的小劇場迷信地以為，我們兩人的相遇，或許是「過去生」中早有約定，不知道是誰虧欠誰？或是相約陪伴的靈魂伴侶？

Chapter 1
粉紅泡泡的日子

Chapter 2
在一起是需要努力的

Chapter 3
沒有人是獨自的存在

Chapter 4
生為同志，我不抱歉

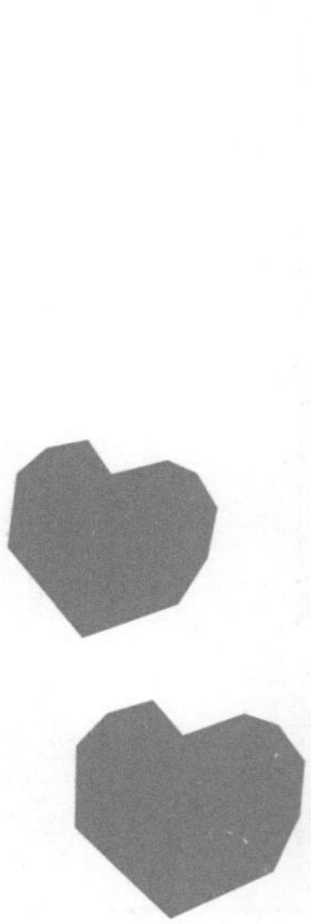

Chapter

1

被粉紅泡泡包圍的日子

這是一首簡單的小情歌

唱著我們心頭的白鴿

我想我很適合　當一個歌頌者

青春在風中飄著

——〈小情歌〉，蘇打綠

01

終於，我與你相遇

原本沒有任何交集的我們，
在踏遍許多個四季之後，
因為無數個選擇而產生連結。

以前同志能在網路上聚集的場所不多，除了ＰＴＴ，大概會在拓網、無名小站、奇摩家族和臺灣論壇相遇。而絕對不能不提的，就是陪伴許多人度過寂寞長夜的ＰＴＴ論壇。早期多半能從這幾個地方找到志同道合的朋友，或是同志群體習慣講的「圈內人」。當LINE這個平臺漸漸流行創立群組以後，ＰＴＴ論壇上如雨後春筍般的ＧＡＹ群組開始出現，五花八門、琳瑯滿目。

你能想到的 GAY 群每天都在招生，有十二星座群（當時還有十二星座王，以群長爲首，管轄自己群內同星座的衆生），還有熱愛運動的登山群、衝浪群、泡湯群、按摩推薦群等等。

有天夜裡收到朋友傳來的訊息，告訴我他想創一個碩士研究生的群組，當時我還在讀碩士班，就順理成章地被朋友加入。這個群組有將近一百多位的研究生（俗稱：菸酒生），美其名是爲了學術論文研究方便，能滿足群組裡所有菸酒生 GAY 的研究精神，但更多人仍舊期待能在精進學術的同時，找到眞愛、就此脫單★。萬萬沒想到，這個選擇，會讓我遇見彷彿命中注定般的他——也正就讀世新大學口語傳播研究所的里歐。

一開始，我對里歐沒有太大的好感。他時常在群組裡發言，還會時不時附帶幾張衣衫不整（？）的照片，每次上線就會有一些人叫

★ 我加入群組真的只是為了要其他學校的學術研究資料！（歐）

他男神，只要他發個早安，好多人就準備撲上去。記得當時我心想，「不愛穿衣服就是男神，眞的是笑死人——」現在回想起來，其實有點忌妒和吃味★。

直到有次，社會因爲校園霸凌事件吵得沸沸揚揚，群組裡開始有非常多網友揭露自己的悲傷過往。有人因爲性別氣質而被霸凌，有人在校內被同學針對。有勇氣說出自己塵封多年故事的人，和認爲這些事不應該存在的人，在網路上彼此靠近。

里歐當時也是發言人之一。他和大家分享他的求學過程因爲體態而被同學霸凌，甚至一學期有將一百多堂課的時間都不敢進教室；因爲一旦他去學校，等待他的就是各種惡意攻擊，進廁所上小便斗會被拉開，被同學以確認他是不是「男生」爲由，檢查他有沒有生殖器。

但他都走過來了！而且是靠著自己的力量。沒有上課的時間他

★但說實話，
那時候我根本還不知道誰是阿凱
…（毆）

擔任了志工，還因此獲得全國傑出志工獎。里歐在群組中分享著這些經歷，雖然隔著手機，我卻彷彿看見說故事的他在發光；從那天起，我不再覺得他只是位衣衫不整的男神，開始注意他。

我會好奇他上線了沒？今天說了哪些話？但傲嬌如我，自然不願意在群組和他搭話，只想默默地觀察，暗自爲他鼓勵。

直到有天群組裡的朋友問我：里歐在輔仁大學打工擔任活動攝影，要不要去找他探班？我們一小群人一起吃了午餐，再搭捷運來到輔仁大學捷運站。當準備走進校園的那一刻，我突然想到一件嚴重的事：如果我和這群網友一起去探班，那我在里歐心中，就只會是「一起來探班的人的其中之一」；搞不好他打工結束後，連我長什麼樣子都沒印象。爲了阻止這樣的事發生，我去星巴克買了一杯咖啡，還自己用奇異筆在上面畫了他的Q版頭像，寫了一句「男神上班加油」，最後以學校臨時有事推託，要朋友幫我把咖啡拿給他。回程的路上我心想，如果我們真的有緣分，那就賭一把吧！最後的測驗，就來看看里歐是不是一位有禮貌的人；如果有禮貌，就會在收到咖啡以後，加我的 LINE 說聲謝謝，那我只需要回家，等你敲我的那一刻。

當我踏進宿舍房門，手機傳來了訊息通知。

叮咚——連看都不用看，我就知道幸福即將朝我走來★。

二十多年以前，我們分別降臨在臺南和雲林，我們獨自活著，迎接成長過程裡的艷陽與暴雨，在受傷與傷人的過程裡學習如何愛人，在自我認同的摸索裡掙扎與拉扯。此時，我們都逐步走成更好的自己、更自在的樣貌與更適合的狀態。

你是那個人嗎？是夢裡被我從高塔扯下的競爭者，還是會一起

★說真的，
我到這時候也還不知道阿凱是誰
（歐）

共患難、再怎麼艱辛也要朝塔頂並肩向上的力量呢？

不論你是誰，不論前面經歷了什麼，我只知道屬於我們的故事要開始了！

拿起手機，按下表情發送出去。

好久不見。終於，我們相遇了。

快問快答

COLUMN

Q：愛情的開始是什麼？是一見鍾情，還是慢慢認識而傾心？

愛情的開始，像是一道閃電突然落下，就這麼直擊內心。但被閃電擊到的機率聽說只有百萬分之一，相比之下，我感覺比起被閃電擊中，遇到愛情要更難，既然被擊中了，那就好好談戀愛吧！

我覺得「愛」這件事沒有什麼一見鍾情（至少在跟阿凱交往之前是沒有啦，以後也不會有！）愛情就像剝皮辣椒雞湯，需要慢慢燉、慢慢熬，才會入味，也才耐人尋味。

Q：喜歡一個人，是有條件或類型偏好的嗎？

我的理想對象，首要條件是善良，願意陪我分享對這個世界的好奇，再有一點點的可愛和帥氣就更完美了！剛剛好，這幾個特質，里歐都有。

喜歡一個人試車很重要。我的愛情三角形組成是性、信任與愛；如果沒有試車就在一起，交往後發現不適合，那就太耽誤彼此的時間了。除此之外，能不能讓我卸下心防，真實地做自己這件事很重要，畢竟沒有人想在另一半面前戴一輩子的面具吧！

02

超完美告白計畫

「如果你喜歡一個人，
而對方也和你一樣地喜歡著你，
那麼被告白，絕對是全世界最幸福的時刻之一。」

「我前兩任都是我向對方告白，我從來沒有被告白過。」里歐突如其來的一句話，彷彿一道雷電重擊我全身。怎麼可以沒有被告白過？於是我暗自下定決心，一定要給里歐最難忘的告白體驗。

我心目中的完美告白，要具備以下物品：鮮花、金莎、蠟燭和結婚證書，四樣東西缺一不可。現在想想，談戀愛的自己好像有點老派，但直到現在，我依然喜歡這麼老派的自己★。

★其實我也喜歡老派，
阿凱準備的就是我想要的！(歐)

鮮花、金莎和蠟燭並不難準備，反而是結婚書約★比較艱難。我覺得困難的點在於，雖然文具店買得到結婚書約，但當時同婚專法尚未通過，就算我們兩人在結婚書約上署名，也無法具備任何法律效力，只是張沒有任何作用的白紙……但話說回來，我到底在想什麼？不就是告白，居然準備結婚書約，不就代表我的戀愛是以結婚爲前提在談的嗎？這樣想，就覺得自己也太浪漫了吧！

上述四樣告白小物湊齊以後，擇了個良辰吉日，決定在我們兩人第一次旅行的宜蘭礁溪，完成這件人生壯舉。當時覺得任何紀念都很重要，若能在第一次出遊的地方互許承諾，那眞是太浪漫不過了！我連幫忙的朋友都找好了，一切安排妥當，只差主角兩人在指定時間來到約定的地點，照腦內的劇本走，感動的偶像劇情節便會就此上演。

★不過我真的沒想到還有結婚書約ㄦ
（趣）

但計畫趕不上變化，當天礁溪下起豪雨。一場雨打濕我所有的計畫，更別提根本沒辦法到原定住宿地頂樓的空中花園布置（因爲下雨沒有開放）；就算眞的開放了，我的蠟燭也會因爲這場雨而點不起來，幸福如風中殘燭。

正巧當時的一月十六日是總統大選，我們會有理由南下回家。我有非常多死黨都在臺南，如果把告白儀式的地點改在臺南，那麼這些朋友就能見證我的幸福★。於是，告白第二方案正式啟動。

那天的計畫是這樣的：我和臺南的死黨約吃飯，因爲里歐也認識，所以我中途離開他不會起疑。聚會時，我假借要幫我媽買晚餐先離席，事先前往告白地點布置好一切以後，死黨們帶著里歐前來，我就能開始我的表演（？）。事前規劃雖然一切順利，但仍有許多覺得不圓滿的地方；例如，告白儀式雖然有我方的朋友見證，卻沒有里歐的任何一位朋友。

★同時還能來幫我布置，眞是一石二鳥的好決定（凱）

告白當日，我心裡正掛念著，或許里歐也會想要有朋友陪著經歷這一切時，宇宙彷彿回應了我的意念——他的朋友突然打電話來關心，而且那個人就住在臺南！

我馬上表現出有違以往的冷靜，拚命獻殷勤地想和他朋友通話，好不容易說服里歐、接過話筒，對一個非親非故的陌生人，我講的第一句話居然是：「您好，我是里歐的男朋友，等一下要在臺南的某某地點和里歐告白，請問你能來當我們的見證人嗎？」

更荒謬的是，他的朋友真的來了！是位叫做品華的女孩。兩人的第一次見面就是在我即將和里歐告白的地點，一見到他，我劈頭就拜託：「可以幫我把蠟燭擺成愛心的形狀，然後用這個打火機點燃嗎？」

品華乖乖照做，但當時的地勢和風向不好，擺成愛心圖樣的蠟燭，點好一邊正準備點另一邊時，已點燃的部分就會熄滅。所以我們一直在點燃熄滅又點燃的過程裡折騰，品華從此得到了暱稱：「告白點蠟燭好朋友」。

結婚書約、愛心盒裝的金莎、一束花、一張手寫卡片，品華辛苦點燃的愛心形狀蠟燭在晚風中搖曳，手機音箱播放著田馥甄的〈小幸運〉，萬事俱備，就等著主角到來。

在結婚書約的合意結婚第一欄，我填了「地球」，戶籍地址則寫了「有彼此的地方」。在雙方朋友的見證下，傻傻的主角里歐就這樣什麼都不知道地被帶到告白現場。他說，這是他第一次被告白，也是這輩子最難忘的告白。

里歐有話想要說

我沒有想到阿凱眞的會因爲我從沒被告白過的這件事，準備了這樣一場溫馨又浪漫的告白（畢竟不是每個伴侶，都會完成你的所有願望）；更何況還完全符合我所想要的所有元素，有鮮花、蠟燭、熊熊、我最愛吃的巧克力，還有結婚書約。更重要的是，還有我的大學同學……。

還記得我一到告白的現場——很抱歉我就是個浪漫破壞者——第一句話就是：「幹您小可愛！趙品華爲什麼你在這裡！！！」完全沒有在第一時間留意到精心又浪漫的現場布置。

過了這些年，我們再把這份結婚書約拿出來看，眞的會有種好不可思議的感覺，沒想到同婚眞的過了，當年打打鬧鬧的書約，居然是眞的有機會可以生效的文件。回頭看，謝謝身邊的人，一直都是你。

03

交往隔天就同居

原本單人置物架上多了另一人的物品，
宣告生活不再是獨立自主，
有另一個人會和自己共享這一切。

「一起住好嗎？」告白答應的那天晚上，里歐開口詢問我同居的意願，當時被戀愛沖昏頭的我，想也沒想就直接答應了。整理一個小小的行李箱，幾件衣服褲子、一些簡單的盥洗用具，以及「想跟他黏在一起的一顆心」，就這麼搬進他當時位於新店大坪林的小套房裡。套房空間不大但格局方正，住戶除了他，還買一送一地附贈了一隻橘貓「七七」。

剛入住的幾天，彷彿蜜月般甜蜜，我們一起採購日用品，相同款式的牙刷、漱口杯，什麼都要用一樣的。也一起去買了同款式的睡衣，互相穿上對方挑選的睡衣褲。身形相仿的好處就是，許多東西只要買成對，就多一個選擇的機會。

記得第一天，我坐在床邊，不曉得該如何自處。熱戀期的階段就是許多事還會礙於面子，不想在里歐面前太放鬆，怕形象會不見，綁手綁腳搞得自己無所適從。但也因此，一切都很新鮮。我環顧四周，套房不大，加上里歐四處堆滿東西，使得整個空間看起來更小了。我在心裡暗自決定，等更熟一點，一定要慢慢幫他把家裡打理成更舒適的樣子。而里歐比我還忙，不停地向我介紹這個空間的歷史和故事，我心中覺得雜亂的地方，其實都有他陳列的意義或習慣。我彷彿到了一個陌生之地旅行，聽他分享各種回憶，知道自己正漸漸成爲回憶的共同主人；未來，他生命裡會有我，而我將會陪他創造新的故事。

同居的第一晚，我們聊到半夜都還不肯入睡，也讓我想起初次見面的那一晚。

那是我們兩個人終於實際見到的第一個夜晚。里歐用一個很輕易就能識破的藉口，問能不能借住我家？當時我們正處在曖昧階段，所有能相處的機會對彼此來說都很珍貴，而那天晚上，更是進展迅速的時刻。

原本以爲兩個陌生卻靠近的人，會順從內心的慾望往下走，發生一些美好的纏綿，卻沒想到那一晚成爲交心大會。里歐和我分享在臺北的生活：他曾經在行銷公司實習，負責專案忙到深夜才下班，走在寂寥的十字路口，看著眼前大樓仍有許多方形的亮光，彷彿正與沉沉暗夜奮力搏鬥。他心想，這些大樓似乎會把人的熱情給吞噬，像排山倒海而來的巨大怪獸，每一盞燈都像在怪獸體內掙扎，不甘心就這麼淹沒在汲汲營營的人海裡。

「眞不知道是爲了什麼而忙？又爲什麼要這麼努力？在大城市的生活，忙到連自己當下有什麼情緒都忽略了！只能分秒必爭，一直往前。」里歐不喜歡這樣的生活，好像爲了生存要戴上面具，要強迫自己去適應這一切。他說著說著，慢慢在我面前摘下了面具，嚎啕大哭。那一夜，我們之間什麼都沒發生，卻抱著彼此，感受到眞正的陪伴。

回到同居的第一晚，不同的房間，相同的人，穿上彼此的睡衣，在一陣隨性暢聊間彼此依偎，相互探索，爲瞭解彼此而更深刻地前進，直到牽著彼此的手，頭靠著頭，安穩入睡。

那是同住的第一晚，這一住，就是長達九年的時光。

里歐有話想要說

我一直是一個很有「家」的想像的人，年紀輕輕（？）就開始幻想著，可以看著另一半起床、抱著另一半睡著，所以二話不說，就問阿凱說你要不要同居！

不過，其實背後還有另一個更重要的原因。那時候阿凱還就讀外縣市的研究所，因爲懷抱演員夢，常常搭客運來臺北的影視相關科系試鏡，曾聽他提起，有時候試鏡得太晚，沒有客運回去只能睡在車站。聽到這裡，我就覺得不行，希望能讓他在臺北有個家！

04

清醒又浪漫的同居生活

同居並非都是浪漫的好事，
那是讓一對裹著浪漫糖衣的情侶，
快速看見現實的過程。

許多生活習慣，一但成為室友，就需要不斷溝通。里歐習慣衣服脫了就丟地上或掛在椅子上，越疊越多，直到形成一座結構不穩的衣服山，指尖輕輕一碰，整座山的生態就會散落滿地。

還有用完的衛生紙、面膜紙或各種小型垃圾，他習慣塞在床緣角落，眼不見為淨就是讓環境整潔的祕密。這些事我們花好多年在溝通，因為我的習慣非常簡單，認為家裡越少東西越好，里歐常用

「家徒四壁」來形容我的偏好。

我不喜歡堆積物品，喜歡東西使用後要物歸原位，衣服脫了就要放在洗衣籃，所有日用品都該要有自己的位置，才不會要用時不曉得放在哪裡。這樣的規則會讓我有生活的感覺，但剛同居的我們，不曉得每個人，有最自在的日常樣貌，都想過上自己感覺舒適的日子，而沒有爲對方想過，會不會這些我以爲的美好日常，反而是對方的壓力來源？更不曉得，「各退一步」才是同居生活能夠順利的眞諦。

以生活習慣來說，我們進行過很多次溝通，有過意氣用事、以爭吵來讓對方知道自己的感受，也有靜下來面對面，把自己的訴求給好好說出口。

我告訴他：「井然有序的生活，會讓我每件事都做得比現在更好，更有效率。」里歐慢慢也願意重視這件事，因爲後來我們發現，家裡乾淨，他比較不會焦慮，只是天生偏懶惰，以及同時需要處理太多事，導致「整理」剛好被他擺在最後面的順序而已。

這件事最後也發展成一件很有趣的狀態，當里歐一個人在家時，就會把空間搞得天翻地覆，但他一定會在我進家門前，讓家裡變回原本的整潔模樣，他稱之爲「讓關係更穩固的歸納收拾法」。雖然覺得很好笑，卻很溫暖，因爲他一直把我的需求放在心上。

而在同住一間套房的時期，同居不只「空間」，以我們的狀況，連「時間」都必須共享。例如作息的狀態，熬夜要如何不影響另一半的睡眠？睡覺時習慣一盞夜燈還是室內燈全關？電腦的音樂要放出來還是分別用耳機獨聽？鍵盤聲要如何敲打才不會造成干擾？當貓咪呼叫時，是哪一位奴才要起身出勤★？

★通常貓叫醒的都是我，里歐已經練就睡著不會聽到貓咪吶喊的技能（凱）

我們的作息不太一樣，但因爲同在一個空間裡，時常會打擾到對方★。例如當我睡不著的時候就會滑手機，但手機的光源會影響習慣滿室黑暗的里歐入眠。

相反地，當他一早起床使用電腦、刷牙洗臉與吃早餐，也容易影響到淺眠的我。其實每次他醒來時，我也跟著醒來後繼續裝睡，然後看著他自以爲「小心翼翼地降低聲響」，其實聲響根本是世界大戰。

現在想起來，這些都是芝麻綠豆大的小事，卻每一項都是細節。小事溝通未果，便會爭吵成爲大事，而空間就這麼大，如果不想看見對方，唯有離開。若不想這麼做，就得在一個小小的正方形空間裡，相看兩相厭，時而冷戰、時而逃避。這些都是同居生活要面對的事情，也是從蜜月期走入日常後必然會看見的風景。

★ 住在套房時，
這些事情真的很難解，
很多時候都要彼此遷就（歐）

有時候的摩擦，則是來自於「希望對方好」。

里歐習慣早起，一定要吃完早餐才會開始工作。但我不喜歡早起，沒有工作的日子一定要睡到自然醒。

一開始快到中午時，里歐就會在我身邊喊我。他認爲早餐都沒吃了！起碼午餐一定要吃，身體才會健康。但他當時還不理解，我更需要的是「睡眠」。所以他會一直等我，每半小時叫我一次，直到我起床陪他吃午餐。

但他明明就很餓，而我剛起床也不一定有胃口，如果有起床氣，或里歐餓到發脾氣，我們還會因此吵架。

最後的解決辦法是，沒有人規定情侶一定要一起吃飯。我睡我的，他吃他的，就算同居，我們依然過好各自的生活，照顧好自己，尊重彼此的不同，這件事也就迎刃而解。

同居好嗎？我會後悔那時候答應同居嗎？交往後馬上同居是好是壞？

如果回到過去，當里歐開口問我要不要同居時，我想我還是會答應他。雖然同居這件事加速了許多關係裡的風暴，但也是如此，讓我們看見風暴後的美景。

那是一起忙碌完躺在床上聊著天的時刻，打開一盞微弱的小燈，用電腦放著輕音樂，交換彼此的喜怒哀樂。我們一起看著天花板，彷彿能看穿屋頂，直到看見滿天星空，猶如我們真的就在星空下交換彼此最單純的心意。

而最幸福的時候，就是睡前和彼此道晚安，以及迎接白天。有時候賴著床，有時候側身看著對方的睡臉，有時候同時睜開眼，一天便從視線相對開始，然後露出微笑和對方說早安。

同居才有的這些美好瞬間儘管短暫，卻積累成無可取代的日常。

一早盥洗完、準備要出門前，喊著對方「先抱一個」或是「再親一下」，然後對他說：「一起加油，一路平安。」

這時心裡就會想著，能住在一起真是太好了！

05

熱戀期的遠距離挑戰

「從來沒想過兩人剛在一起，
馬上就要經歷十二天看不見對方的遠距離狀態，
根本是交往的第一道考驗。」

「我要去紐西蘭十二天發表論文。」

這是里歐研究所畢業前的其中一個門檻，雖然也不是什麼突然得知的訊息，但是，也太快了吧！甚至是告白儀式的一個禮拜後！

每個人對遠距離的定義都不同。有些人認爲只要不在同一個縣市就是遠距離，但也有更仔細的定義，例如：必須搭車、要買機票或出國等等。但對我而言，想見卻不能立即見到對方，就是遠距離。

更別提熱戀期一天不見就痛苦萬分，還長達十二天。

剛和里歐交往時的我是個悲觀主義者，許多事都會往壞處想，腦中有許多想法一一閃現，比如說：飛機安全嗎？會不會失事？如果失事該怎麼辦？我會第一時間收到通知嗎？不可能才剛交往馬上就要面對生死別離吧？我會不會從此一蹶不振？可能當時《藍色生死戀》之類的韓劇看太多，不小心就容易把自己代入偶像劇，需要很努力才能克制腦內小劇場的瘋狂戲碼。

而里歐呢？他好像正用他的方式，在安撫我們的不安。

他先帶我認識這趟紐西蘭行的旅伴，安排我們一起共進午餐。對方很常去紐西蘭旅行，因此這趟行程，從找尋下榻地、交通安排到旅遊點的規劃，都讓人十分安心。我也陪著里歐，去辦各種證件和進行旅行採買。

出發前一晚，在房間裡整理完行李箱後，不知道是因爲緊張、興奮還是期待更多一點，兩人怎麼樣都無法入睡。我們坐起身，一前一後地擁抱彼此，他貼著我胸膛，我從背後用雙手環抱他，拿起手機自拍一段影片。

「第一次出國遠距離，有什麼樣的心情？」我問。

「想你想你想你，老公想你，現在就開始想你。」他用可愛的聲音回應。

這支影片一直放在我們的手機裡，思念對方時就拿出來看一看。我告訴他，出國的這幾天，我們在 LINE 上寫日記吧！就跟以前上學時玩交換日記一樣，兩人每天睡前各寫一篇，讓對方知道彼此一直都在身邊。

我們打勾勾，後來那篇日記取名叫做「9176KM 的愛情交換日記」，我們也眞的寫了十二天。紐西蘭和臺灣相差四小時，我們每天夜裡思念著對方寫下文字，在醒來時期待打開日記的那一刻；我們彷彿一起入睡，又再共同迎接新的一天。

除了寫日記，每天我們都抓緊四小時的時差，相約時間視訊。里歐和我分享今天去了哪裡？完成什麼？在 airbnb 裡與陌生的外國朋友一起料理晚餐，認識一位以律師爲目標而努力的朋友，吃了炸魚薯條，欣賞北島螢火蟲洞和參觀毛利人的家鄉。

有一天，里歐拍下了兩隻花豹依偎在一起的照片，附上一段文字：

其實我一直不知道這兩隻花豹是什麼關係？可能是情人，也可能是家人？牠們在我的鏡頭下形影不離，蹭來蹭去，一個走前一個就跟後，走前面的還會看一下後面的花豹。

就像你照顧我一樣，你總是會擔心我不見，擔心我會迷路或是沒有跟上你，在搭捷運或是人多的時候，你就會一直回頭看我，想辦法拉到我的手，牽著我一起走。

這是我想要的生活，我不怕被別人怎麼看。為什麼異性戀伴侶能夠牽手，同性戀伴侶就要遮遮掩掩呢？

我當時心想，等你從紐西蘭平安回來，每個時刻我都要陪在你身邊，光明正大地手牽手，給彼此安定的踏實感。

歐凱小劇場

EPISODE

歡迎回來

阿凱正在作手工。那是一張 A3 大小的板子，上面用各種剪紙和插圖排版，放上兩人的合照，寫著「歡迎回來」，準備在里歐回來那天，偷偷前往機場，在入境時高舉板子迎接他。

交往好像眞的會使人變得單純又可愛，不去在意他人眼光，只一心期待當對方的反應。但當阿凱舉著板子，卻到處見不到里歐的身影，明明機場顯示板寫著已平安抵達，卻等不到人。直到很長一段時間過去，才看見一行人出來，而里歐的旅伴正愁眉苦臉。

里歐告訴阿凱，在轉機的過程中，旅伴的行李箱遺失。因爲場面實在不宜太快樂，會顯得白目，事先做好的接機板更不好意思拿出來。當走在通往接駁車的長廊，里歐發現阿凱藏在手邊的板板，輕聲在阿凱耳邊詢問：「那是什麼？」

「沒什麼。」阿凱說。

「我看。」

「不要。」

「我看。」

里歐硬是白目地湊過來，阿凱只好牽起他的手，一起往前走。

「回去再看。」然後面帶微笑，對著里歐說。

歡迎回來。

06

0與1，重要嗎？

「一號是什麼樣子？
零號又該是什麼樣子？
能從性別氣質或是個性去定義這件事嗎？」

「前兩任我都是當一號。」這句話從一個長得很像小孩的人口中說出來，我突然整個人震動了一下。什麼意思？你是一號？等等，我開始試著回想過去和前任的經驗，我好像也是當一比較多，雖然也有零星幾次做零號的經驗，但回憶都是不適居多，而且好痛，當時實在很難同理零號的歡愉。

尤其還有一任硬要當一，但他的身體無法滿足心裡的欲望，只好用各種玩具代替他放進我身體裡，回想起來，感受眞是糟糕大過於美好。但現在眼前的伴侶對我說這句話的意思是什麼？他也是一號？所以我們撞號？兩攻之間必要有人退讓，所以是要我當受的意思嗎？

在我腦內劇場開始三明三滅，準備上演各種戲碼時，他笑著回應我：「但可以爲了你試試看當零號。」

我這才鬆了一口氣，但這件事卻成爲我們日常生活裡，很常會討論的話題。

我因爲他的外貌而覺得他不應該是一號這件事，他有所質疑，畢竟一號是他確實擁有的生命經驗。我們延伸出很多討論的話題，那如果我們撞號該怎麼辦？會因爲這件事爭執或分開嗎？在剛交往時，里歐最常掛在嘴邊的一句話就是愛情三角形。每個人的愛情三角形都不同，但他心目中覺得能讓關係平衡的三角形，便是性、信任與愛★。會將性擺在第一，是因爲他覺得這件事非常重要，和伴侶找到性生活的平衡，才有機會讓關係更往前邁進。

回應撞號就會分手的這件事，我告訴他，如果他真的只能當一號，那我或許可以嘗試當零號看看，畢竟對於號碼這件事我沒那麼堅定，性對我來說就是一件舒服又幸福的渴望，而這件事和我的位置無關，我更看重的是和我在一起的對象。

以上是事前討論，但這件事真正發生在我們兩人一起出遊的夜晚。我們很重視性愛的氛圍，要有前戲，要有浪漫感，可以的話我會準備香氛蠟燭，再播放一些音樂——關於音樂這點要特別說明，盡量不要是大家都會哼唱幾句的歌曲。有一次我們播放宮崎駿當背景音樂，性愛的過程根本是動畫接歌大挑戰，心意都不在對方身上，

★ 畫一個性、信任與愛的三角形
對你來說，
愛的三角形是由什麼組成呢？（歐）

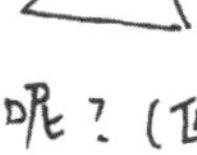

只期待下一首歌會是什麼，而我們能不能從前奏就猜對，然後跟著唱。那次的性愛因爲分心而告吹。

也有因爲第一次，兩人都有還不習慣對方的身體而出糗的狀況。里歐讓我先嘗試擔任一號，但我只要戴上保險套就會軟掉，一個不小心的緊張就會分心，過程沒有想像中順利。

這件事能否成功，除了百分之百信任對方以外，能不能適時給予體貼的回應非常重要。里歐不會因爲我的任何舉動而嘲笑我，相對地，我也因此不會因爲失誤或者辦不到而感到煩躁，反而會努力著重在感受對方身體的探索與呼吸的回應中，去找出彼此之間，最舒服的狀態。

第一次的纏綿，在各種天時地利人和的情況下，順利地和他交融在一起，彷彿悠遊在寧靜又包容的大海中，每一個起伏和交互的體位，都使我們更加凝聚，專注感受著全宇宙中唯一的彼此。

從此里歐一試成主顧，不再想當一號，感受零號美妙的存在。

每一次結束後，我都會拿衛生紙擦淨他的身體，再牽著他的手去浴室，用溫熱水幫彼此沐浴，雖然這時候會有因爲高潮而產生的失落感（俗稱聖人模式），但陪伴彼此到最後的舉動，卻反而令我們兩人更貼近。

你若問我當零和一究竟重不重要？我能肯定地說，一定有許多關係把這件事視爲伴侶之間最重要的調和劑，甚至是尋覓另一半非常重要的門檻。但對我們兩人而言，跨越號碼這件事以後，那個「對象」對我們來說更重要。

我能感受到和里歐在性愛裡的安全，能感受到把彼此放在心裡的重視，而不是草草了事，更不是繳作業般地成爲例行公事。我們互相吸引，互相需要地去彼此配合與協調，再走到最美滿的狀態。

若有一天他要我當零號，我也會願意爲他張開雙腿，把自己最隱私的地方赤裸又眞實地坦承相見，因爲是里歐，我全然地信任他。

但這件事至今尚未成功便是了！我願意給予支持，並等待那一天到來（笑）★。

★ 後來真的有互換成功啦！
但是誰叫我是天生名零一試成主顧，
就回不去了～（歐）

07

在時光裡修行

沒有一對情侶會像我們這樣，
交往沒多久就把頭髮剃光，
然後入佛門出家七日。

我在佛教家庭長大。家人長年在佛光山臺南講堂擔任義工，也因此從小就薰習佛法★，研究所也選擇自己感興趣的佛教學作爲研究。

當時只是一個不經意的邀請：我想陪我媽去參加佛光山的七日短期出家活動，但因爲活動等同於正式出家，會有七天的時間將手機沒收，專心在寺院裡進行修行體驗。現在想想，剛交往就消失七

★ 雖然家裡信仰道教，但高中時我開始去佛光山參加共修、童子軍，並不陌生（歐）

天，恐怕比紐西蘭的十二天遠距離還難熬，畢竟紐西蘭起碼還能視訊、寫交換日記，但出家就真的音訊全無，所以需要徵求另一半的同意，或是乾脆邀請他參加。

沒想到，里歐二話不說就回我：「好啊！那我跟你一起參加。」於是，一對情侶的短期出家體驗，正式展開。

我們先找在臺南的美髮師朋友幫我們剃頭。當時搞得超像我們要當兵一樣，一眾朋友圍在我們身邊，一刀一刀地剃下我們的三千煩惱絲★。接著，還要說服里歐的媽媽，短期出家只是一個體驗，不會因此終身出家。他當時覺得里歐會一去不回，花好多時間說明才使他安心。

所有待辦事項皆完成，我們兩人和我媽、我二姨一共四人，就這麼往佛門裡去，走入此生最寧靜的七天六夜，在時光裡修行。

★ 結果從這一梯開始不用剃頭！只有少數人頭頂光溜溜的，包括我們……（歐）

正式的報到編組，是將六、七百人分成不同的堂班，就好像當兵報到要分成哪一營的第幾中隊第幾小隊一樣，但因爲參與者男眾的數量稀少，幾乎一個堂就分完所有男眾的組別。

我和里歐很幸運地都分到第一堂第一班，並獲得各自的法名。我的法名是本戒，戒律如同佛門裡的老師，透過每條規則去形成教團的秩序，本戒給我一種不要造作和犯錯的自我提醒。里歐的法名是本聰，如他給人的感覺，聰明又有智慧。從獲得法名、正式受沙彌戒律的那刻起，我們的關係便不再是情侶，而是同參道友，是脫離紅塵世俗、如今聚在一堂的修行人。

人間佛教所提倡的教義是，讓佛法落實在生活的每一處，不強迫一定要吃素或每天早晚念經課頌，而是讓我們在遭遇生命的困境時，能找到解決的方法，運用智慧去轉念，不把自己給侷限和困住，是這七天帶給我們最大的領悟。

在這七天，我們眞的是修行僧，日出而作、日落而息，每當清晨五點多鐘聲敲響，我們依序起床，輪流盥洗，接著排班整隊，前往大雄寶殿睡眼惺忪地做早課。早課結束後，宣告一天正式開始，我們享用早齋，進行內務整理與環境打掃——現在想想，和成功嶺當兵的行程幾乎沒有兩樣，只是更早體驗了這件事。

時間很快過去，所有行程裡對本聽來說最痛苦的應該是禪修吧！要一個每天動來動去的人，安分地坐在一個地方靜心冥想，眞的非常困難★。當時帶領禪修的法堂師父會拿著一把長長的戒尺，遇到分心的人就會輕點他的肩膀。我常因爲看到坐我斜對面的本聽被提醒而偷笑，但這個行爲最後也讓戒尺點到自己的肩膀上。

就在幾乎要習慣出家生活的某一個夜晚，本聽傳了一張紙條給我，上面署名寫著「給本戒」。

★ 相較於心智，
對我來說身體實際上的考驗
才是最為困難的（歐）

我打開紙條，裡面是一段感性的文字：

本戒兄

這次戒會幸好有你，否則我應該會撐不下去★。

未來我會繼續向前，繼續和你一起走下去。

看到紙條，心裡生起一股暖意，情侶身分時我們互相陪伴，成爲同參道友時我們相互鼓勵與提醒，在生命這條漫漫長路，不論我們轉換成什麼身分，都有彼此的掛念點滴在心頭。

終於到了捨戒的日子，七天的修行正式圓滿，當我們歸還「衣、缽、具」的那一刻，眾人聲淚俱下。七天不長也不短，卻可以說是一期生命裡，最寧靜自在的日子，沒有手機和社群爆炸的資訊，更多的是面對自身，與自己的對話。

★因為腿上的血管瘤無法久站、久坐，更不用說是雙腿擠壓的久跪了（歐）

我看見本聰也流下眼淚，從懵懂無知的答應、一開始的不適應和最後的不捨，我們走入佛門，雖然在此刻捨戒還俗，但在這裡學到的所有體悟，將會一輩子伴隨著我們，這七天對我們而言，會是非常難忘且珍貴的回憶。

捨戒儀式其中一段，和尚會詢問所有人：「諸善男子，善女人！汝等已捨出家戒竟，返俗之後，更當堅固道心，常於佛前禮拜懺悔，發願常隨佛學，護持正法，爲圓滿菩提，而努力精進。今雖已捨出家戒，仍應秉持佛光人的精神，時時奉行『給人信心，給人歡喜，給人希望，給人方便』的修行信條，以廣結善緣，成就佛道。如上言教，能依教奉行否？」

我們大聲回應：「能持！」到後來會被稱爲佛系 YouTuber，或許是因爲，直到此刻，我們都還是繼續在生活裡修行，如同那七天的本戒與本聰般，互相提攜、陪伴與鼓勵，至今沒有一刻遺忘。

快問快答

COLUMN

Q：同志身分與佛教徒的身分，會不會有衝突呢？

我覺得佛的教法教會我一件事：「衆人皆有佛性，皆能成佛」。

我自己白話的解讀，是每個人內心都有善良的種子，所有人事物都應該被平等地對待，所以不論你是什麼人、什麼職業與性傾向，都能夠學習佛法，找回心中善良的佛性。

而佛法也不是學了以後就沒有煩惱，生命就是一段修行的過程，會有各種煩惱與挫折，但我們可以不斷地學習與修正，最後用智慧去面對所有問題，這也是佛教迷人的地方吧！

不論你是誰，你都能學佛；但就算你學佛了，最後自己的問題，仍然只有自己可以解決。

我是同志，同時我也是佛教徒。

宗教信仰跟性傾向是沒有衝突的，對於我而言，宗教的主要宗旨都是勸人向善、提供心靈慰藉與寄託，如果因爲性傾向，甚至是貧窮、階級、族群、性別等等各種因素而有所衝突或是差異的話，就可能違背宗教最初的本意了。

08

蛔蟲是需要練習的

真正的心電感應，是因為在乎，
然後透過觀察、溝通和理解，
才終於出現的戀愛魔法。

我們上各大節目挑戰默契大考驗時，從來沒有眞正成功過，每個題目都失敗，還被粉絲笑說是「最沒默契的情侶」。我想這就是伴侶相處裡有趣卻也最挑戰的地方吧！因爲彼此都是獨立的個體，不曉得對方心裡在想什麼，才有必要每一步都小心謹愼地去推敲與感受。

例如當工作忙到很晚時，里歐臉上會露出煩躁的表情，這時候我就要假裝要出門丟垃圾，然後趕緊跑到便利商店去買他最愛的巧克力（哪一種都好，但絕對不能是黑巧克力，因爲他吃到黑巧克力會過敏狂打噴嚏）。最喜歡看到他臉上的表情瞬間轉換，從瀕臨火爆到看到巧克力以後，露出像小狗發現主人回家般的可愛表情。巧克力有時候比我還有用。

有一陣子，我爲了準備參與一部戲而進行飲食控制，連最愛的鮮奶茶都戒了，每天只能喝水和黑咖啡。飲控是一項難受又不容易的練習，尤其當身體想品嘗垃圾食物的慾望越來越高漲，卻只能遠觀而不能接觸時的挫敗感，會讓情緒比平常放大好幾倍。

那天就是這樣的狀況。肚子很餓、嘴巴很饞，還要處理頻道的影片弄到半夜，就在情緒滿溢、快要發作時，里歐突然到門口去迎接外送，然後拿了鮮奶茶進來★。

不誇張，我當時的表情勘比川劇變臉，眼前的里歐（和鮮奶茶）

★想收服阿勤，最簡單的就是奶茶，其次是火鍋，再來就是麻辣鍋！（歐）

彷彿發著光，只差沒有在感恩戴德之餘當場膜拜。

是鮮奶茶讓我產生幸福感嗎？我事後想想，更幸福的是他把我放在心上，並準確回應我當下的需求，是那份心意讓我在日常小事中感受到被愛，才更放大幸福的感動吧！

隨著共同生活和觀察對方，我們透過練習成爲對方的蛔蟲。現在里歐只要開口說：「老公——」我可能就知道要去把茶壺的水裝滿、幫忙鏟貓砂、把冷氣往上調高一度，或是讓電風扇的角度不要吹到他的頭★。

當生活裡的小默契慢慢建立，我們之間也開始出現心電感應，而且近期發生的頻率越來越高。例如其中一人突然在房間裡突然哼起另一人心中正想著的旋律，或里歐只要突然看著電腦露出微笑，我就知道他把購物車給送出了！而如果半夜醒來沒看到我，里歐就

★當阿勳盯著我亂脫在地上的襪子
我就知道再不收起來會被殺掉(歐)

知道我一定躲在客廳偷吃炸雞。

有時我們兩人會同步滑到網路上同一則的迷因貼文，再同時傳給對方，最後進展到當他傳訊息來時，我都還沒點開網址，就知道他傳了什麼給我。

我們或許不是天生有默契，但我們會把對方的喜好放在心裡，會好好照顧彼此的感受，然後爲小小的、突如其來的心電感應，一起感到驚喜。

努力而來的默契更珍貴。

09

真正的貼心

「坦白說，我不認為我們有什麼浪漫體質，
但有時候會因為想要對方好，
而不小心做出讓對方難忘自己卻完全沒放在心上的事。」

里歐有次買了一雙女鞋，硬皮的，外表非常有質感，顏色黑得發亮，穿在腳上感覺走起路來會非常輕盈，每一步都充滿自信。

前提是穿得下這雙鞋的話。

他高估了自己腳掌的大小，當收到這雙鞋時，要費非常大的功夫才能硬將腳穿進鞋子裡，從他的表情看得出來非常不舒服，都已經皺眉了還要嘴硬說：「鞋子穿久就會軟了！會有一段磨合期。」

但磨合期正要開始，活動結束我們搭捷運到家裡的那一站時，他的後腳跟已經因爲強烈的摩擦破皮，每一步都走得步履蹣跚。如果是偶像劇的情節，這時候我應該要他把鞋子脫下，拿在手上，然後將他輕輕揹起——但他的身形搭配我的體力實在不堪負荷，我只能要他把鞋子脫下，接著也脫掉自己的鞋子，換上他的女鞋，讓里歐穿我的鞋子，一步一步倚靠著他走回家。

我們邊笑邊抱怨，他說我穿女鞋走路好好笑，我罵他活該，要他下次看好再下單；沒想到這個舉動他放在心裡好久好久，視作貼心的行爲。

至於我呢，曾經在臺北的第一份工作是藥局工讀生，這也是我北漂以來第一次的工讀體驗。我也不是沒打過工，所以對這件事沒有留下深刻的印象，唯獨一個畫面一直放在心裡，至今難忘。

爲了讓我熟悉上班的路徑，某天用完晚餐，里歐帶我搭車到鄰近我工讀藥局的捷運站，帶我認識周邊的機能、從幾號出口借 YouBike，接著一起借 YouBike，他在前面先騎，而我在後跟隨。那個時刻，我突然想起了紐西蘭的那對花豹，以往都是我在前、他在後，但現在他卻爲了我領在前頭。

他一邊介紹一邊提醒我，不時轉頭看著我的表情，那個畫面我永遠忘不了。

另一個情景發生在二〇一六年，當時高雄和臺南發生規模龐大的地震，因爲餘震不斷又適逢年節期間，返鄉的高鐵上人心惶惶，每個人都在關心著餘震和災情。我們沒有買到座位，兩人倚靠在車廂靠近門的一端，隨著高鐵行駛，我們的手緊緊握著，在天災的無常下，渺小的我們沒辦法帶給彼此最穩固的保證，卻可以用一雙手、一份心意去讓對方知道：不必擔心，我在你身邊。

那種感動，是因爲知道對方把自己擺在最優先的順序，甚至不在於對方爲你做了什麼，而是一個動作、一個眼神，讓你忽然之間再一次深刻感受到——你一定會陪伴著我。

而直到後來，我才體會到另一種貼心，不是照顧另一個人，而是把自己照顧好。

記得服役時我們兩人同上成功嶺，一直心繫彼此，好不容易結束一起分發到雲林。第一次休假見面時，彷彿有一輩子的話，說也說不完。

里歐和我說，他其實每天都覺得壓力很大，但壓力越大，就越想把自己照顧好；因爲他知道我一定在擔心他，擔心他不適應、不舒服或是沒辦法和同梯好好相處。所以那幾天他用心打理好自己的一切，在我看不到的地方，他也做得很好。

或許也是在那一刻我才領悟：真正的貼心，有時不只是好好照顧對方，更是好好照顧自己。

貼心是心意的雙向交流，而當彼此在意，這件事才得以存在。在貼心的他身上，我又學到了重要的一課。

10 當我們同在成功嶺

「同在成功嶺聽起來彷彿偶像劇情節，殊不知現實是兩人連電話都講不到，思念幾乎要把我逼瘋。」

進成功嶺的前一晚，我們各自回臺南和雲林老家，但我弟還是開車載著我們全家，去北港和里歐一家人見面。見面後的夜晚，不曉得里歐有沒有失眠？我是輾轉難眠，這應該是每一位要進成功嶺服役的役男都共同擁有的心情吧！

隔天，我們各自前往公所報到、集合拍大合照，領完縣市政府贈與的小禮物後上了客運，往新階段出發。還記得在客運上，我們把握最後能連繫的時間，在 LINE 拚命傳訊息，雖然自己也很緊張，但更希望另一半能夠安心。

當成功嶺的大門緩緩映入眼簾，我們各自錄了一段錄音檔給對方，裡面的訊息滿滿是祝福：「照顧好自己，要平安，不要強出頭，一切順利，一切都會好好的。」最後聽到的聲音是他帶著奶音說著「老公掰掰」。隨著這句話聽進心裡，我們各自的旅程，正式開始。

在萬全準備下，里歐似乎比我想像的更適應成功嶺的生活；而同時間，不同中隊的我從進成功嶺的那一天起，對里歐的思念如潮水滿溢，每一天都過得行屍走肉。我從來沒有這麼想念一個人，想見到他，想聽到他的聲音，想看到他的人，想擁抱他，被這些情緒搞得七上八下。不過同時也可能是感染到身邊同梯的心情——他在進成功嶺的前一天被分手，後來對方音訊全無，他心痛到天天以淚洗面，我也因爲思念里歐而跟著哭了好幾回。

我開始寫日記，每天埋首在文字裡，用文字去回憶和他交往以來，一起經歷的大小事，彷彿當我落筆寫下每一句話，那些紀念就能重新活過一遍，陪伴著我。

後來想想，會那麼思念，或許有一半的原因是我們兩人的互動有落差。若是一般的情侶碰到對象當兵，另一半可以在外面等候他的音訊，但因爲我們兩人都在成功嶺裡面，每天的洗打時間又不相同，從來沒有剛剛好可以打給對方的時刻，只能用留下錄音，訴說自己有多想他，要他好好照顧自己。

記得剛進去的時候是上弦月，我和同梯一起思念與悲傷，從上弦月走到滿月。一天晚餐結束準備整隊時，我們一起抬頭看到了天上的明月，感謝有彼此。我們都因爲見不到伴侶而痛苦，現在回想起來，根本就是兩個戀愛腦在成功嶺上演著偶像劇。

但其實我們仍比多數人來得幸運，在成功嶺，有兩次見面的機會。一次是我們在進去前約定好要一起參加藝工隊的徵選。徵選那天是進成功嶺以來第一次，兩人在同一個地方，並肩坐在一起。

周圍還有許多報名的同梯，我們不能表現出過多的情感與興奮之情，用只有兩人聽得到的細微音量對話。

「你好嗎？」

「我很好。」

「我很想你。」

「我也很想你。」

短短幾句話，就一掃連日來的陰霾，世界彷彿又從黑白變回彩色。第二次見面則是我們準備分發，因爲兩人都想選擇社家署，而在同一個分發地報到集合的時刻。這次我們兩人相視而笑，這份打從心底升起的喜悅，我想只有我知道是從何而來。

我們兩人的伴侶關係，太習慣是由我擔任主動的照顧者，里歐則是接收的被照顧者，多年來兩人綁在一起，忘了其實我們獨立時，也有照顧好自己的能力。看見里歐一個人也好好的，讓我重新認識到信任對方，也是一種愛。

在成功嶺的夜晚，每天睡前我都會簡單的盤腿坐在床上，爲一整天的總結與明天的祝福，做簡單的晚課課頌，幾遍心經唸完，除了讓自己的心更加平靜，也相信我的心念會傳遞給每個人。

我祝福家人、朋友和直到現在與自己有關連的所有善惡因緣。而我最想祝福的人，此時正和我一起在這裡。雖然見不上面，但我們在同一片天空下，度過成功嶺的每一個夜晚白天。

歐凱小劇場

吃饅頭的情誼

里歐的鄰兵是個耿直的男生，女朋友在外面等著他服役結束，兩人隨著相處產生同袍情誼。

里歐覺得早餐的饅頭很硬，每一餐都不肯吃，後來都是這位善良的鄰兵幫他吃。

新訓結束的最後一天早晨，他看著里歐的饅頭，感性地說：「你今天還是不吃饅頭嗎？那我幫你吃。但這是最後一次能幫你吃饅頭囉！以後就要靠你自己囉！」

當鄰兵說出這些話時，里歐差點異男忘，覺得眼前這人真是太帥了！

準備分發前，阿凱終於見到這位鄰兵。

里歐輕聲幫兩人互相介紹，鄰兵則用同情的眼神，拍拍阿凱的肩膀說：「辛苦了！」★

★什麼意思！我有很難搞嗎！！！
兩個人居然在那邊給我惺惺相惜
個什麼意思！(歐)

11 我們結婚好嗎？

「原本對於同志而言，
結婚是件連想都不敢想的事情，
時至今日，終於成為能納入考慮的生涯規劃。」

「告白是我，那求婚應該就是你吧？」

我這麼說，沒想到里歐這傢伙居然任性到一個極致——「不管，求婚也要是你，而且我要很浮誇那種萬眾矚目的求婚，不可以只有兩個人的時候突然就遞出戒指，我會生氣喔！」

這樣的對話從我們交往以來就一直不時出現，尤其在二〇一九年同婚專法通過後，網路上還出現催婚潮，這在交往初期時完全始料未及。

我曾問里歐想要什麼樣的婚禮，他規劃許多方案，從天馬行空的「要在小巨蛋舉辦婚禮」，然後要穿上像日本巨星小林幸子那樣的浮誇服裝，還不只三進，要像時裝週一樣換好幾套禮服，整個婚禮就像大秀一樣，觀眾不見得會有桌菜，更多是來欣賞秀的人。

也有比較貼近家鄉的版本，身爲北港人的里歐，因爲從小親近朝天宮，也有打算在朝天宮前的廟埕街道，封路舉辦流水席宴客，形式雖然不同，但相同的是「不只三進，要換好幾套禮服」★。

我也曾幻想過婚禮的畫面，有幾種方案，例如因爲從小親近佛光山，如果能在高雄佛光山大雄寶殿前的成佛大道舉辦佛化婚禮，場面一定會很莊嚴，而且接受諸佛菩薩的祝福，這段姻緣應該會非常吉祥。

★ 反正不管是哪一種版本都要換好幾套禮服，這是他的目標(凱)

但也想過因爲頻道有夫夫小視窗這個單元，訪問許多BL劇的演員，如果辦在一個宴會廳，然後讓這些BL劇的演員共襄盛舉，讓他們走紅毯和開放粉絲觀禮，或許也會是另一種嘉年華也不一定。

還是事先申請總統府前的凱達格蘭大道？畢竟能夠結婚，有非常多前人爲我們負重前行，是每個人權團體與性平組織一步一腳印的開創，流下許多血淚才能使我們擁有的選擇。如果辦在凱道，再邀請那些一路上努力的人們參與，是不是更有意義？

這些是我們腦海裡的天馬行空，甚至還想過，結婚的某一個橋段，要讓我們兩人的三位母親（因爲我二姨待我如同母親一樣，所以一共三位）穿上最耀眼的禮服，爲自己走上紅毯，以感謝他們給予我們的支持和陪伴。

每個想法都是關於婚禮的「形式」，但結婚這件事，除了表面的儀式，當立定婚約之後，兩人的關係是不是就會改變呢？會不會最後真的發現一張紙的重量，遠比我們所想像的還要重呢？

同婚專法通過以後，身邊有許多朋友走入婚姻，也有一些朋友從婚姻裡畢業，回到單身生活。在這樣的分分合合裡，隨著年紀增長，我發現對婚姻這件事，仍舊抱有一點期待。除了能在婚禮當天把許久未見的朋友與重要家人們聚在一起，回到現實面，走入婚姻就是走入我們心目中所共同創建的未來風景。在共建家庭的態度上，我們沒有牴觸，但成家後還有雙方的家人、自己的老年，更多更多柴米油鹽醬醋茶的現實需要解決。仔細思考就會覺得壓力好大，也開始欽佩起身邊那些結婚後直到現在都還穩定的伴侶們。

但是，就算前方有那麼多的不確定與擔心，我終究還是想和里歐走在一塊，希望我們能夠享受法律所帶來的保障，在生命的最後陪在對方身邊。

記得在同婚法案通過前，很多人建議我們，如果最後眞的想結婚可以去國外，但我們的共同回應是，我們會等待臺灣合法的那一天。我們在這片土地長大，要步入婚姻也要在這片土地上完成。

如今，我們終於擁有了可以自由選擇的這一刻。

只要繼續走在一起，要結或不結，都很好。

Chapter

2

在一起是需要努力的

存一吋光陰　換一個世紀

摘一片苦心　釀一滴蜂蜜

用盡了全力　只為在一起

我愛不愛你　愛久見人心

————〈日久見人心〉，梁靜茹

12

把不滿平和地說出口

要讓另一半說出真心話，
有時候比吵架還要更困難。
但說出心中真正的想法，對方才有機會知道。

想要理解對方，大部分時候不能靠心電感應。而和里歐在一起之後，我才意識到自己每次有不開心，總是會先選擇逃避或是口是心非，因爲知道自己說出口的話會非常傷人，也知道爭吵會血淋淋地暴露出關係裡最醜陋的面貌。所以一不小心，就把眞心藏在最深的地方，不讓對方察覺。

但里歐是一個和我完全相反的人，他很誠實，藏不住祕密，所以會把任何心裡的話都說出口。

記得頻道剛創立的時候，我很常因爲工作分配而把許多情緒隱忍在心裡。那時候一個禮拜要更新三支影片，他負責影片後製，而我負責拍攝企劃與經紀聯繫，其實每一個環節都有辛苦的地方，但難免會覺得自己承攬的比另一半還要多，爲了這些理由起爭執。

里歐會把不滿說出口，而我只會忍著不說。然而我的一張臉根本藏不住祕密，但當他問我怎麼了，我都還是回：「沒事。」

里歐知道我當下就是有事，可是我不說。這一點我眞是受里歐非常多的調教，他總是教我要我好好地把眞實的感受給表達出來，因爲如果我不說，他只能猜測，但他沒有讀心術，也猜不到我在想什麼，只能一步一步地詢問和引導。

第一次練習和里歐說出眞心話時，我甚至不敢看他的表情。但說出口時卻沒有想像中的憤怒或尖刺，而是：「我覺得很累，我想要適時休息，不想每次都弄到非常晚，讓我們兩人沒有生活，還失去健康。」

聽見自己說出這些話，我才領悟，說出眞正想說的話不是難事。有時候說不出口是因爲擔心會傷害到對方，但其實逃避和隱瞞，有更高的機率可能會讓我們兩敗俱傷。

但要說出心裡不舒服的地方，對我來說眞的太困難了！我喜歡保持一種從容的狀態，那或許就是天秤座的平衡。但生活不可能隨時都處在穩定的狀態裡，稍有不如意的地方，就會累積，最後成爲一顆未爆彈。

起先自己沒有觀察到這個變化，但身體卻最先提出警訊。變得淺眠或者不容易入睡，到了就寢時間也仍在滑著手機，曾有一次沒有意識地滑著，過一段時間才發現，我已經神遊不知道去了哪裡？

像昆蟲般單純執行指令，只剩下無意識的行爲還在進行。

我還會叫宵夜暴飲暴食。不見得想吃，也不一定能夠吃完，但我會點最貴的、最油膩或是對身體最不健康的。有次里歐出差，我半夜心血來潮叫了一隻龍蝦，自己興奮地剝掉蝦殼，咬了一口龍蝦肉以後，眼淚就掉下來了！不是因爲龍蝦好吃，而是我知道，我心裡有很多難受的情緒需要釋放。

從那時起，我開始意識到，我需要練習把心中的陰暗，丟一點給里歐；我需要說說話給他聽，哪怕聲音在快發出來時，眼淚可能會跟隨著掉下來，我也想和他好好說清楚。

能夠面對時，就看著對方的眼睛好好溝通，不太想觸碰時，就寫信或是在 LINE 的對話傳一篇長長的小作文。雖然寫作文時免不了想去修飾用字，但蘊藏的情感依然熱得滾燙。

溝通不容易，因爲這必須是雙向的、互動式的練習。溝通很困難，因爲每一次都是再重新檢視關係裡的自我狀態，試著修復，從裡到外。

交往九年，我們仍一直不斷在練習這件事。

快問快答

COLUMN

Q：隨著交往時間變長，會覺得慢慢失去新鮮感嗎？要怎麼樣才能維持熱戀期的熱情呢？

我覺得激烈的溝通或爭吵是必要的（笑），有時反而能在爭執裡聽到眞心話。

但更重要的，是尊重彼此的興趣與喜好，再互相交流，這些過程都是保持熱情與新鮮感的要素。

也可以一直創造共同的目標去挑戰，當一起完成時，那種感動將無可取代。

來，三角形又來囉！尊重、好奇及參與。

「尊重」是指關於對方的喜好、興趣、專業等等，不要過度給予評價或是指點；「好奇」是指對於對方所做的一切感到新鮮、有興趣；「參與」就是在對方允許、雙方也都舒適的狀態下，適度地去加入。

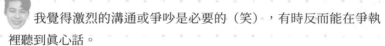

13

對宮情侶檔

「里歐追求效率與立即執行，我喜歡思考後再行動；他很會分析，我則感覺至上。我們磨合起來超辛苦，但某些時刻又很互補。」

曾經上過唐綺陽占星室，唐老師看了我們兩人的命盤，笑著說我們怎麼還沒分手？里歐是牡羊座，我是天秤座，兩人已經是相反的對宮星座，性格天差地遠。將我們兩人的星盤擺在一起，還能剛好對稱的分成左右兩邊。差異這麼大的兩個人，卻因爲緣分而成爲伴侶。

里歐的性格明快，追求效率，每件事都要分析和看數據，是很市場導向的一個人。我的性格從容，凡事講求緣分，不攀緣也不執著，該是我的就會是我的，對事看感覺，比較感性的浪漫腦。

這樣的兩個人成為伴侶，無論大小事都容易意見不合，例如出門旅行。

初期的我們，出去旅遊時，里歐一定會排定許多的規劃，例如三天兩夜要入住哪一間民宿或飯店？交通怎麼安排？如何省錢？三餐可以怎麼解決？有沒有剛好有套裝行程，能夠在旅遊時邊吸收當地的歷史，學到一點知識，讓旅遊可以滿載而歸。

他問我有什麼想法，我的回應永遠都是「什麼都好啊！」每次都讓他氣炸，但我更期待旅遊時的意外，可能突然一起看見日落，或者轉個彎以為是死路的小徑，卻看見滿月高掛天空，這些都是無法預測的感動，但有時候里歐不能理解這些浪漫★。

★我到現在還是無法理解，明明可以很快抵達目的地，為什麼要繞呀繞呀繞的 ㄟ（歐）

在每天的行程準備裡，我們也偶有爭執，他分秒必爭，會事先預約計程車，當計程車通知再兩分鐘即將抵達，這時候他就會催我趕快準備好下樓。這一點像極了他媽，他媽也是會在計程車快抵達的三分鐘前，喊著全家人趕快準備★。

但按照我腦內的經驗，通常計程車的APP寫著「即將抵達」四個字時，有很高的機率還要一兩分鐘才會到，若提早下去可能就要在烈日下曝曬，我喜歡抓得剛剛好，那種我正開門、車子也剛好駛過來的結果。

每次都爲了極端的個性爭執也不是辦法，尤其我們已經讀懂對方的性格，知道彼此在意的事情是什麼，就會有一方願意退讓。例如在計程車快要抵達前，我先準備好比他還早到定點等待，或里歐仰頭看見美麗的天空變化會想到我，拍照傳給我分享。

我突然意識到，是不是感性和理性能夠並存呢？如果每個人都

★我媽比我誇張好不好！
而且每次叫車的是我，
被扣分的會是我欸！（歐）

是多面向的，我們是不是能夠時而感性、時而理性呢？畢竟剛交往時的我們，一定沒想過現在的里歐會因爲看見美麗的風景流下眼淚，我也沒想過我會用非常理性的態度，去面對朋友情侶檔的分分合合（還有計程車的抵達時間）。

也許我們都在相處的潛移默化裡，改變了自己，也影響了彼此。

不過說到里歐的理性發揮到極致，有個讓我非常佩服的特質，那就是他會腳踏實地、仔仔細細地把所有事準備到最好。

記得當時研究所能不能畢業，對滿心投入夫夫之道 YouTube 頻道的我而言，沒有那麼重要，只一心想著能不能再多爭取一些時間，著重在頻道內容的發想與創作。

然而一年拖過一年，終於到畢業前一年的大限將至，里歐對我採取動作。

我們坐下來好好開一場兩人的情侶會議，主題是「一定要讓阿凱順利畢業」，現在回想那一年，眞是痛苦又折磨，可又有點甘之如飴。

爲了讓論文順利產出，里歐將研究室和臺北市立圖書館設定爲我們主要的活動場景。在情侶會議所研擬出的數個方案裡，里歐教我如何安排時間、目標導向地排定每日計畫，規定一天要看幾本書、一週要撰寫多少字，接著陪著我披星戴月地埋首於文字。

最喜歡兩人努力寫到清晨，一起來到茶水間。

從四樓茶水間窗戶望出去，能清晰看見一大片廣闊的籃球場，更遠的大廈和房子也能一覽無遺，我們會站在窗前感受微風輕拂，再慢慢看著天色從一片黑暗，漸層出藍紫色的淡雅，乃至最遠的天際線露出曙光，彷彿一天的努力又完成了，而新的一天也隨之到來。

那一年，我們一起走完三百多個日子，各自參與對方的畢業口試，在臺下看著彼此的論文發表，到最後領取畢業證書。一張薄薄證書的背後，是踏實的他帶我一步接著一步走過的歷程。

快問快答

COLUMN

Q：儘管這麼不一樣，但最喜歡對方的是哪一點？

我喜歡里歐用理性的態度去檢視我在工作上，怎麼做可以更好、更有效率。

但我更喜歡他感性地窩在我懷裡，要抱著我才能睡著，或是做每件事都只想和我一起完成的「無可取代」。

我每次在回答這一題的時候，都會覺得我好像把阿凱當成工具人一樣。

像是他會包辦所有生活中我不喜歡做的事情（雖然我也會做他不愛的事，例如打蟑螂），但他做的真的很多，舉凡洗衣服、曬衣服、掃地拖地、整理家務等等，甚至隔天早上起床要穿的衣服，他都會先幫我準備好。

但我說真的，我最愛阿凱的一點就是他把我放在心上，這是我要學習的地方，相較於他，我有時候太自私了（大家繼續看下去後面就知道……）。

14

最珍惜的事物

交往至今，鬥嘴時常，激烈的爭吵也有，
最嚴重時，還提了分手——
只是，幾乎都是阿凱在提。

第一次的分手，是在交往三個月時提的。原因是里歐參加的一項人氣比賽，好不容易進了前五，但最終只取三名，他很認真，覺得既然下定決心要做，就要做到不讓自己後悔。於是他印出有自己名字的傳單在校內替自己拉票，到這裡我都是贊同的，也一直陪伴著他。

導火線是某系所的成果發表會，我們兩人排隊在人龍之中，他小聲問我能不能向排隊的學生拉票，將傳單交給他們，但被我拒絕。當時我心想，這是別人的場子，在這裡做爲自己拉票的事情，會讓對方覺得不受尊重，里歐也同意，到目前相安無事。

直到進入場內，里歐遇到班上的同學，聊起近況時提到了比賽，於是他拿出自己的傳單給同學，也順勢發給剛好坐在身旁的一些陌生人，當下的氣氛是和悅的，但我內心總有一些滋味說不上來。這樣的感受累積到表演結束，我們在世新大學的前門，被同學俗稱山洞口的通道裡，一邊走回家一邊討論這件事。

究竟當下我們實際說些什麼，其實已經記不清了。只記得我對他說：「沒想到我的另一半竟然是一個勝負和得失心這麼重的人，你最後一定會因爲比賽結果而影響自己的身心，成爲一個連自己都討厭的人。」大意是這樣，但說出口的話滿是刺，刺進他用強悍包裝，實則柔軟的內心。

情侶吵架哪需要什麼邏輯？講贏對方就是了！也不管這個輸贏是不是會傷害彼此，付出代價。但當下管不了那麼多，既然說不贏，就拿分手來當威脅。

「分手」這兩字一說出口，里歐就哭了！像八點檔一樣的情緒轉換，嚎啕大哭。我一看到他哭就馬上心軟，趕緊抱住他，但這個舉動讓他哭得更厲害，整個山洞都是他大哭的回聲，就像杜比環繞音響一樣。

他手裡印上自己俊俏臉蛋和名字的傳單，因爲鬆手而隨風飛揚，簡直就是瓊瑤連續劇。我們緊緊擁抱，傳單在我們兩人之間像花一樣飛散。

他嘴裡邊哭邊喊：「我不要比賽了！比個賽連男朋友都沒了！我爲什麼還要比？」

我不知道該怎麼應付這個場面，天馬行空地突然說出：「走，我們去兜風★。」自己被自己笑死，前一秒跟人提分手，下一秒不知所措就牽著對方說要去兜風，毫無邏輯可言。

但當時，我只想掩飾自己的後悔，和說錯話的尷尬。

我們牽手走回家，里歐還在啜泣，但兩人的心情稍稍平復。回到房間，我們坐在床上，平時吵鬧愛講話的橘貓七七可能也感受到我們的情緒，靜靜依靠著我們。

我和里歐開始輪流說出真正想要讓彼此聽到的話。不再是激烈的惡毒語言，或想爭輸贏的場面。是認真地相互檢討與交換真心。

里歐坦承自己在面對一件事的結果時，會容易產生不服輸的心態。他從以前到現在都很努力地面對每件事，甚至曾說過自己沒有失敗的經驗，但也因此更害怕輸贏和結果。我則回應，覺得這是一件不健康的事情，在生活的過程裡，本來就會有高低起伏，我們能

★「我不要兜風，為什麼要兜風，
我只要你啦，
哇哇嗚嗚嗚（無限輪迴）」（歐）

執著的從來不是結果，而是如何更接近想要的目標，以及過程裡的每一個選擇。無論外在是成功或是失敗，也不影響自己的美好。

我也和他道歉，自己最差勁的就是那張壞嘴，明明無心，當下卻只想說贏，但到最後只是獲得一時的爽快，輸掉永遠的關係。我其實並不反對他爲比賽這麼盡心盡力，只是擔心他這樣會使同學們留下不好的印象，生氣的背後，原來是心疼、關心與珍惜。

抽絲剝繭後，我們才意識到自己有多麼愛對方，只是用錯方法和語言，也讓自己感到後悔。

里歐那時教會我的一個道理，至今仍從未忘記。他說，他有一支用很久的手錶，因爲是打工存了很久的錢才狠心買下的名牌錶，所以一直珍惜著戴它，每次只要錶面稍有痕跡，或電池沒電，就會送去原廠修復與保養。當面對非常珍惜的事物，當它有問題時，會選擇丟掉，還是想辦法修理？

我當時的回答是好好修理。里歐說，既然重要的物品會選擇修理，為何當一段重要的關係出現問題時，卻是先選擇丟棄，而不是好好地試著修復呢？

他的一句話，拯救了遇到事情總是逃避的我，也理解關係不會永遠只有粉紅泡泡，當現實一一浮現，才是關係練習與成長的開始。

歐凱小劇場

分手八點檔

儘管前面深深懺悔，但阿凱還是又提了兩次分手（都以失敗告終）。有一次兩人因爲頻道的工作分配大吵一架。當時的阿凱只想逃離小小的正方形空間，拿出行李箱時忽然冷冷開口：「這個地方，到底有什麼是我的？」接著就要空手離開家裡。

里歐衝上前抱住阿凱，阿凱則奮力掙脫，甚至還說：「你放手，你再不放手，我們就任何機會都沒有了！」

不過，逃家的阿凱只是躲在一樓的便利商店。他坐在那裡思考，自己眞的想要離開嗎？眞的想要輕易拋棄這段關係嗎？

冷靜後，阿凱發現自己只是想說：「我累了！我想休息，但我不是要放棄，只要停下來一下下，我就能重新一起往前。」

想到這裡，就好想里歐，接著就接到了里歐的電話。

「老公你在哪裡？」不論再怎麼吵架，里歐依然叫阿凱老公。

聽見電話那一頭有捷運的車聲，阿凱急忙問：「你在哪裡？」

原來里歐怕阿凱直接回臺南，只穿著夾腳拖鞋就跑到捷運站，還不小心在樓梯跌倒。阿凱聽到「跌倒」後腦筋一片空白，立刻跑去找里歐。

他們在捷運站外的十字路口相遇。里歐完全沒有打扮，夾腳拖有些斷裂，邊哭邊一跛一跛地走近。兩人在路口深深擁抱。

阿凱暗自心想：里歐從斑馬線的對面走來的畫面和表情，這輩子都不想再看到了！

15

不一樣的結局

每次爭吵，會這麼輕而易舉地提分手，
會不會是因為，
我總是認為他一定不會離開我身邊的關係呢？

剛交往的時候，我是一個性格非常猛烈的人，稍微有不喜歡的情緒，就會逃避或者轉身離開。

有次想帶一群朋友認識里歐。我們平常講話就會鬥來鬥去、互相調侃，但在里歐和他們第一次見面的飯局上，他們毫不留情地嘲諷和攻擊我，雖然平常不覺得怎麼樣，但我想在里歐面前留下好印象，反而沒辦法接受這件事，雖然有輕巧地提醒，朋友們卻沒有接收到這個訊息。

後來我實在忍不住，直接甩頭離席，留下不知所措的朋友們和尷尬的里歐。

和里歐相處時，我也時常會因爲爭吵而轉頭離開，最後都是他上前來拉住我，才讓這段關係延續下去。

眞正改變我的，是有一次我們兩人在捷運上看見一對伴侶正在爭吵，其中一人和我一樣，稍有不如意就轉頭離開，但他的伴侶沒有上前去拉住他，也選擇轉頭，於是兩人就在我們眼前漸行漸遠了。

「如果有一天，我們和他們一樣爭吵，我又掉頭就走，而你不願意再來拉住我時，這段關係就沒有了對不對？」我對里歐這麼說。

但他牽住我的手，說不會有這一天，因爲他會一直牽緊我。

是不是就是因爲他太過寵我，太讓我感到安全，所以才會使我肆無忌憚地，一直敢在他面前放大自己的情緒和任性呢？

但那天看見了這樣的場景，讓我開始更有意識地練習把話說清楚，掉頭就走的經驗也越來越少了。當兩人走向研究所畢業到服役以後，也鮮少有（我）說分手的時刻。

里歐有話想要說

我一直篤信：「一方態度強硬，另一方就要保持柔軟。」但當另一方無論你表現得再怎麼柔軟都不願意回頭的時候，就要看自己能夠承受到什麼地步了。

幸好我是一個滿有彈性的人（可能跟我的肚子一樣），我知道阿凱的個性就是倔強的拗脾氣，但是個本質很好的人。所以我可以很有耐心地陪伴著他，從有稜有角的方形，磨成越來越圓潤的圓形。老實說，這麼多年過去，阿凱眞的改變很多！

你說，我不會累嗎？想起來好像也還好，我覺得這就是一個過程，但我也曾經威脅過阿凱不准跟我分手，我辛辛苦苦教得這麼好，怎麼可以白白送人！

16

為你，我選擇勇敢坦白

「因為阿凱向來是提分手的那一位，
在自己穩定下來後，心裡就一直覺得，
這段關係會這樣穩固走到最後。直到服替代役時⋯⋯」

進成功嶺前，我們約法三章：成功嶺的兩場考試，學科和術科都要拚盡全力，這樣才有機會能優先選擇日後一年的服役地點。成績出來，我們兩人分別占據前幾名，因而有機會選到相同的地方，正是里歐的故鄉雲林。里歐被分到位於斗六的雲林縣政府社會處，我則分派到林內的同仁仁愛之家，在寧靜的山水環繞和長者們的陪伴下，開啟兩人每天的日常。

當時因爲三級警戒，役男們累積很多假，但警戒未調整時不能離開服役地。與我一起服役的學長已經退役，我的房間瞬間成爲一人獨占的雙人房，在主任同意之下，只要放假，里歐就能來仁愛之家借住，所以我們有一段在仁愛之家共處的美好時光。

我們在這裡經歷了打疫苗、追劇、看電影，把韓劇《機智醫生生活》看完，還衝去林內的全聯買韓國炸醬麵來吃。也有過叫了五六百元的鹹酥雞，配著《魯保羅變裝皇后秀》的回憶。

對我來說，那時候的生活很簡單，沒有剪片發片的壓力，只要做好防疫、等三餐然後放鬆追劇就是了！

我的念頭非常把握當下，沒想到里歐已經在爲退伍後的未來打算。雖然作息上跟著放鬆，但念頭已經跑到遙遠的以後，想著未來的藍圖。他把一點點焦慮藏在心裡，沒有讓我知道；而我的放鬆與任意而爲，使他更焦慮。

交往以來，我們從來不去看彼此的手機，連手機裡有什麼訊息都不曾關心過。但有天我也不知道哪裡不對，在里歐熟睡時，爲了確認替代役某項比賽的報名資料，我便打開他的手機。看完資料後，居然還想接著關心一下他的隱私，於是我打開他的LINE，看了對話，看到從沒想過的內容。

我看到的不是他偷吃、約炮或出軌的訊息，如果是肉體上出軌或許我還能夠接受，但我看到的是，里歐對我的否定與不認同。

他和一位也和我很要好的朋友在聊未來想買房的憂慮，也討論起彼此現階段的經濟壓力，和另一半的生活態度。那位朋友說，他想和伴侶提分手了。他們有屬於他們的課題，當時似乎有點卡住，說完自己的故事後，他問里歐我還好嗎？里歐也傾訴了他內心裡的疑慮。

我們兩人服役地點不同，役男要負責的日常業務也不盡相同。

里歐所在的縣政府必須按表操課，聽號令處事，但我的工作是責任制，只要有做好份內的事情，不一定要配合出勤時間。

因爲上述的落差，常會有里歐起床、我還在睡覺的時候。一兩次還行，無數次以後，他覺得我是不是一位沒辦法盡忠職守好好做事的人；而我爲了不讓他擔心，也開始習慣想理由搪塞，或是不把事實說出口，因此有了心結。

他和那位朋友說，感覺我沒有在爲未來思考和打算，也不知道我到底以後要做什麼？於是，他和朋友說：「再給我一年觀察看看，如果還是沒有改變，可能也只能分開。」

我放下手機，一整晚都失眠。看著眼前在我懷裡熟睡的里歐，突然覺得好陌生。感覺內心有好多委屈，但又不知道該如何表達？也想著還是我就趁此發作算了？讓兩人就在這裡告一段落。但那麼多年來的付出又算什麼？把他擺在心裡最優先又算什麼？好多的情緒、好多的挫敗在夜裡像跑馬燈輪流翻轉。

原來以前我向他提分手時，他是這樣的心情啊！我在心裡苦笑，失眠直到隔天一早值班時都在想這件事。那天因爲里歐放假，在房間繼續休息，我則前往辦公室值班。後來我決定，和他攤開來，把話說清楚。

我趁中午休息時，站在房門前好一陣子，要怎麼說？該怎麼說？但我最後還是轉動門把，走到他前面坐下來。

「我昨晚不小心看了你和某某人的對話，我想問寶貝的是，所以我現在已經不是你心裡值得交往下去的人了嗎？這段關係，你想要放手了嗎？」

我沒想到我居然會說到哭了，也沒想到他也跟著哭出來。他先和我道歉，但我才該爲自己偷看手機道歉。我們兩人哭了好久好久，一直把對方抱在懷裡，想讓彼此知道，其實那些話，都不是眞心。

他和我分享他的焦慮，也分享對我的擔心。他說雖然他和那位朋友說著這些話，但他仍然沒辦法離開我，雖然有思考過未來，雖然有很多的未知，但說完那些話以後，他更想要的是繼續和我往前走，去迎接未來的各種風雨。

他要我不要擔心，他不會離開我，也答應我，未來不會在背後說這些閒言閒語。

我很慶幸，自己想一整晚做出的選擇不是放棄，而是爲自己和這段感情努力一次，這次，我沒有轉身掉頭就走。

我選擇勇敢告訴你，我很珍惜你。

17

是情侶，同時也是同事

「個性和習慣的差異，到了工作上只會被更加放大。因此在服役結束、兩人生活開始劇烈變動時，我們也面臨了吵得最兇、最後悔的一段日子。」

關於工作，早期爭吵的理由多半是因為分工。不過隨著頻道經營越來越成熟，即使偶有抱怨或意見，我們仍做得非常開心，尤其在製作節目時聽到來賓、朋友們努力為目標奮鬥的故事時，總會感到充滿能量。在工作結束時拖著行李箱回家，還一路交換著剛才訪問的感動。

直到兩人退役，前往新的租屋處落腳，生活開銷不再像學生時代，有家人的支持，我們開始要承擔房租、日常所需，甚至還有分期付款必須努力，也終於正式面對現實的壓力。

這時里歐告訴我，他收到面試通知。這件事很突然，但並不意外。里歐應徵的是一直在爲多元群體的環境與福祉努力的組織——彩虹平權大平台，如果能夠順利錄取，就能從體制外的夫夫之道頻道，走入體制內，藉由團體的力量和政府合作，推動他的理想與目標；我當然也是支持的。

但當里歐有了正職，夫夫之道就成爲兼職。

我知道他不可能因爲個人頻道去影響正職的工作，更不可能像求學階段，有這麼多人願意包容，讓他以外務優先；大家起先的友善，最後恐怕會成爲不滿的理由。

於是，我開始學剪接，將頻道的所有事務攬到自己身上，要他好好往自己的理想上努力。這一切應該都往更良善的地方前進，但陣痛期彷彿黑夜裡無聲無息的大魔王，一步一步地朝我們襲來。

里歐的心力都在正職工作上，每天有開不完的會，接不完的電話，還有許多議員朋友需要拜會。夫夫之道接到工作邀約，也必須挑里歐下班的時間，若與他的上班時間衝突，就得放棄。

一兩次還能夠忍受，但多次下來，我終於也沒有辦法再好聲好氣，常質問他：「夫夫之道到底對你而言是什麼？你還有心在這件事嗎？」

我知道這些話無法幫助他減輕負擔，只會成為他的壓力來源，除了我，他還需要面對全新的工作環境；但身為伴侶也是兼職同事的我，也在陣痛中。

服役一年，我們沒有照以前的一週三更或二更影片，而是因應服役時不能擅自私接工作的規定，預先拍了二、三十支影片作為備檔。但這畢竟是權宜之計，對當時的鐵粉而言，我們彷彿消失了一整年，無法有直接的互動與連結，使得頻道的觀看、點閱和互動數開始下降。現在重新啟動，許多作品端出來都沒有好的成效，也成爲我焦慮的原因。該如何才能讓頻道變好呢？該怎麼做，才能變回服役前的狀態？

里歐不是無心，只是眞的分身乏術。他找來經紀人嘉君姊，我們三人開了年度的修正會議，意想不到的是，第二條導火線就此產生。

會議後，我們決定要新增一個新單元叫〈我們床上聊〉，形式很簡單，就是我和里歐在床上穿著睡衣和大家聊天，以睡前談心的感覺，分享交往的各種過程。起先我們覺得這樣的創作很有趣，也能區別過去以訪問或戲劇爲主的形式，但開始執行時，卻有許多細節成爲引爆點。

我重新認知到，我們眞的太不一樣了！討論任何事都有許多分歧出現，里歐如果不認同我講的話，常會直接打斷我，而我也在拍攝時覺得他的臉很臭，很可能會讓觀眾覺得他很兇或心情不佳，氣色看起來也不好；種種挑剔油然而生。

現在回想，當時里歐白天有正職工作，〈我們床上聊〉一拍就兩、三個小時起跳，而且只能在他下班時間進行拍攝。他已經忙了一整天，又怎麼可能顧到自己的氣色呢？搞不好連身體都在和他抗議。

所以很諷刺也很可笑的是，明明想用〈我們床上聊〉和大家分享兩人的相處之道，結果每次錄影我們都在吵架，每一支影片在看不見的背後，都是對彼此的怨懟與不滿。或許這才眞正是我們的關係練習。

不開心的感覺越來越重，單元點閱也沒有起色，身心俱疲加上數據的壓力，搞得生活無所適從，有幾個夜晚，我們甚至連開口講話都不想；雖然睡在同一張床上，但我已經看不見滿天的星光了！

有一天我又失眠，打開頻道看了過去的單元，比起現在的點閱數字，我突然覺得，這應該是我們的問題吧！我們不再被喜愛了！我們不再是觀眾想要的陪伴對象了！每個人生命都有不同階段，我們有緣分陪著走一段路，不論有沒有開口、留言或只是潛水，觀眾的去留都是個人的選擇。

而我們呢？過去約好要一直陪伴下去的那些人，難道只是隨口說說卻做不到的承諾嗎？

觀眾沒有變，而是我們變得不被需要了！有更好的地方可以讓大家去了！當時心中百轉千迴，把自己壓得快喘不過氣，心中的黑暗越來越黑、越來越深、越來越巨大，終於在拍〈我們床上聊〉的某天爆發出來。

那天還沒開拍就已經吵架，燈才架設一半，兩人就沒辦法再溝通下去，很多事終於都忍不住了！我把心中的話全部說出口。

「我覺得你眞的很自私，你一個人逃避了這一切，躲到自己的工作裡，然後還有錢賺？那我呢？我必須把所有時間都用在頻道裡，沒有人可以和我分擔，而你想做什麼就去做什麼，所有爛攤子都我在收拾，你眞的有夠自私。

這個頻道就是因爲你所以才失敗，因爲你拋棄我和頻道，你選擇讓自己更舒服的生活，而不是好好地和我去想可以怎麼讓這個頻道更好。所以頻道沒救了！」

爲什麼會是這些話呢？爲什麼我們兩人的初衷明明不是這樣，最後卻走到這條路呢？爲什麼當時的我們，都忘記先好好地抱緊彼此呢？

我們沒有說分手，但卻比分手還來得撕裂和痛苦。

後來開導我們的是演員朋友徐鈞浩，他聽完我們兩人對彼此的抱怨和選擇後，和我們說：「其實你們兩人的每一個選擇，都把對方擺在優先。只是你們自己沒有發現，被情緒給蒙蔽著。所以，要分手嗎？如果這麼愛還要分手，以後就不要後悔喔！」我們才慢慢醒來。

對啊！我們愛著彼此；既然愛著彼此，那怎麼沒想到要先朝解決的方向前進呢？我們安排了兩天一夜的小旅行，先拋開工作和頻道的壓力，好好放鬆。也規劃〈我們床上聊〉的完結時間，爲那個時期的我們止血。旅行中，里歐和我分享工作上的壓力，我則傾訴自己需要他幫忙的地方，我們又願意彼此好好溝通和對話了！

回家之後，我一一看了〈我們床上聊〉的所有留言。我怎麼忘了呢？不論多寡，上面的每一段話、每一句祝福和分享，不就是觀眾們給我們的陪伴嗎？差點變成怪物的自己，看不見周圍的所有善意與愛，也忘記先好好擁抱自己與伴侶。

我們兩人那麼愛爭吵、那麼愛提分手，卻還是繼續愛著對方沒有分開。就像玩遊戲破關卡一樣，破了這關打完魔王，還有下一關更難的關卡，更大的魔王在等著我們。

這一次，我們走過了至今最難的一關，眞正渡了一次關係練習的劫難。未來可能還有無數的新關卡，但有了這次的經驗，我相信我們會繼續一起過關的。

里歐有話想要說

在那天大吵的時候，我眞的覺得很委屈，但同時也覺得阿凱說的沒錯。印象中我是這麼回他的：「那時候要去面試，跟你討論，你說很好呀就去試試看！後來面試上了，你也支持我去工作，但現在卻反過頭來怪罪我，因爲我的關係所以頻道爛掉、點閱沒起色！但如果我不去工作的話，光靠頻道的收益，沒辦法支撐我們倆在臺北的生活啊！我們可以一起討論，可以一起想想要怎麼做，而不是怪我，怪我對頻道沒有任何幫助啊！」

講完之後，我就離開房間，到書房在地上癱坐著，無奈、生氣、悲傷、無辜以及無力感等各式各樣的情緒瞬間湧上。因爲我眞的不知道我該怎麼做才好了，爲了兼顧工作與頻道，每天下班後都已經剪片剪到凌晨、週末也要忙拍片，毫無假日可言，我也沒有更多時間可以付出了。

但冷靜後仔細思考，阿凱何嘗不是這樣呢？他從只負責頻道的劇本、訪綱跟腳本，到後來開始學習剪輯、後製、打逐字稿以及上字幕，想盡辦法就是希望能讓我早睡一點，對他來說，他也一樣累呀！我的腦中回想起一幕幕他所做的事情，後來就撐著地板坐起來，回到阿凱在的房間。

我靜靜地看著他，他也靜靜地看著我，我先張開手抱住他，那時候的家裡，好安靜、好安靜。

你說後來有沒有解決？嗯，我覺得算是有也算是沒有。我們一起重新開始評估頻道的工作量，以及執行「減法」的心法，讓彼此盡量不這麼疲憊、壓力也不要這麼重，當然偶爾還是不小心會爆掉，這時候也就只能好好安撫、討論，還有看鮮奶茶有沒有用了★。

★最有用的從來都是你（凱）

18

無論疾病或是衰老

「兩人在一起久了，介入彼此的生活越來越深，
在需要時彼此照護，
也成為交往時出現的場景。」

主持完二〇二三年的臺灣同志遊行，里歐和我說他長了一顆外痔。這沒什麼好大驚小怪的，因爲里歐雙腳到腰部有血管瘤，有時候久站久坐或者激烈運動時，就會感覺肛門有異物感。

他馬上請假去看診與檢查，回來第一句話就是：「醫生建議我可以切除，所以後天排了手術。」不愧是牡羊座的性格，一旦下定決心，執行起來迅雷不及掩耳。

手術當天，我先將房間整理好（畢竟再來他就要臥床將近一兩個禮拜的時間），再陪他前往醫院手術。我問里歐會不會緊張？他回答我以前雙腳也曾動過雷射靜脈曲張的手術，當時家人工作抽不了身，最後是他自己前往醫院開刀，而住院期間，除了要好的國小同學有去探病以外，更多時候，他得自己一個人面對。

現在不是一個人了！有我陪著他。

辦理完相關手續，里歐進到麻醉室進行麻醉。手術時間大概只有半小時，我卻感到坐立難安，非常漫長。

不久後，醫生出來了，問我是家屬嗎？我回答自己是里歐的男朋友，他友善地對我微笑，說一切順利，並切除了跟拇指一樣大顆的外痣。沒想到它居然長年在里歐身上，影響他如此長的時間。

接著我見到里歐了。他的麻醉還沒消退，當我握住他的手，告訴他「你很棒」時，他的眼淚立刻落下。儘管里歐的意識還沒完全清楚，卻能和醫生說說笑笑★，還要我攙扶著他，去和醫護人員們一一鞠躬說謝謝，大家都被他可愛的舉動逗笑了。但我內心反而鬆了一口氣，心想會讓里歐感到不舒服的事，終於能夠放下了！

回到家才是學習照護的開始。首先要先將混著血液的導管拔出，之後每天都要幫里歐換上尿布。那時候只要床鋪稍微一有震動，都會讓他十分不適。同時，還要準備坐浴盆，隨時在盆內準備溫水，他才能安穩地排泄。

手術後的前幾天，上廁所比登天還難，能感覺到里歐真的非常不舒服，卻又沒辦法替他分擔，對我來說非常挫折。能夠從旁協助的，只有一直準備水果、新鮮的鱸魚湯、雞湯或者能滋補精氣神與修復傷口的保養品。幸好當時他的食慾沒有因爲身體的狀態減低——里

★里歐還問醫生：「我的菊花是不是很好看？」等麻醉醒來，他一定會後悔到爆。(凱)

歐最自豪的一件事就是不論今天生什麼病，他永遠都能擁有好食慾。家人、朋友和粉絲們寄來的保養品，也成爲他迅速好轉的精神支柱。

照顧的過程也有搞笑的插曲發生。在休息一個多星期以後，里歐終於能比較順利地上廁所，雖然每次可能要花上半小時的時間，但日常行爲正在慢慢地恢復。

有次半夜，他疲乏地走進廁所。正關上門時，我突然聽見劇烈的聲響，在廁所外喊他的名字，卻沒有回應。當我將廁所門打開時看到非常震撼的畫面：里歐跪坐在地，蓮蓬頭正開著水往地上灑，馬桶和地板滿滿都是血。

我把蓮蓬頭的水關了，使勁地想將里歐抱起來。怎麼喊他都沒有反應，也能感覺他的身體正在抽筋、全身緊繃，我的大腦突然閃過——曾經在恐怖片看過這樣的動作！主角中邪時都會不自覺地緊綳身體、嘴巴念念有詞。

我心想里歐可能是中邪了！當時已經因爲照護他而精疲力盡，沒想到還要被邪靈來鬧，瞬間心裡各種情緒混雜，我對著空氣將那些憤怒給喊出來，我大罵各種最髒的髒話，對著周圍拚命吼叫，直到里歐慢慢和緩，我心想「原來髒話眞的有用」。

現在回想，最沒用的應該是我的腦袋。

我將里歐的頭髮擦乾，換上乾淨的衣服，然後讓他躺在床上，還輕聲播放著藥師佛聖號的循環，那個晚上我整夜沒有闔眼，不斷地觀察他還有沒有在呼吸，直到天光將至。

這件事後來傳到身邊朋友耳裡，大家紛紛猜測可能是因爲貧血或失血過多，里歐才會暈厥。

所有人都異口同聲說同一件事：下次，除了罵髒話和播放佛號，請「一定要叫救護車」。

那時候沒經驗（未來我也不想要這些經驗再發生），但我一定會把「要叫救護車」這件事放在心裡。

那天早晨，里歐在佛號聲裡醒來★。我們四目相交。他看著我露出微笑，說著我最熟悉的話。

「老公，早安。」

早安。我鬆了一口氣。

沒事真的太好了！

★張開眼的瞬間，
我真的以為我要死掉了，
因為第一個聽到的就是佛經!!!（歐）

歐凱小劇場

我眞是認淸你了

阿凱和里歐因爲工作到泰國旅行。當時正值紅黃衫軍抗爭時期，不時傳出爆炸消息，旅行社和航空公司一再提醒要特別小心。

這天兩人快樂地拜訪火車夜市。當手牽手品嘗泰式奶茶、糯米飯和香蕉煎餅時，前方突然好多人跑來，遠方傳來爆炸和尖叫聲——阿凱心中警鈴大作，認爲是遇到了爆炸事件。他在原地東張西望，花了幾秒鐘鎖定最適合的逃亡路線，打算抓住里歐開始跑。

但阿凱抓了個空。里歐已經不在身邊了。

什麼意思？剛剛不是還在旁邊大口吃著香蕉煎餅？人現在在哪裡？如果遇到危險怎麼辦？

阿凱一邊找人一邊確認了是小吃攤著火，因爲找不到里歐，只能往出入口的方向前進。

遠遠的在一座橋上，看到里歐的身影。里歐也看到阿凱了，露出尷尬的笑容。

「你是⋯⋯一路跑到這裡來嗎？」阿凱問。

里歐有點愧疚，用撒嬌的口氣說：「對不起。」

阿凱鬆了一口氣，也覺得可愛。沒事就好，懂得在危急時保護自己，是能夠活下來的類型，起碼不用人操心。只是⋯⋯阿凱猛然又問：「如果有一天在戶外遇到你最害怕的蛇，你是不是也會把我推出去給蛇咬？」

里歐笑了笑，點點頭。

19

足夠寬廣的愛

「很害怕一件事，
就是當投入一段感情時，
會失去自己。」

我是個非常喜歡看電影的人。爲了做演員功課，各種舞臺劇、電視、電影都是我會觀摩與學習的範疇。剛交往時，里歐會爲了想知道我的興趣與生活，和我一起同進同出。但他能接受的題材多半比較通俗，如果偏藝術或影展類型的作品，他比較難消化，就會陪我陪得很勉強。

現在，他不再問我去看哪部電影，和誰一起？我會事先問他：

「這部很好看，內容是在說什麼，你有興趣嗎？」他有興趣的就會加入，沒有興趣的我就自行約人欣賞。

聚餐也是。雖然身邊共同的朋友很多，但也有各自比較親近的對象。以往都會不自覺地強迫彼此一定都要出席，認爲身邊所有朋友都應該和我們有交流才健康，這樣卻使得里歐內心充滿壓力，畢竟他看似陽光，實際上是個內向的Ｉ人，過度的社交眞的會讓他很痛苦。

現在除了兩人都感興趣的聚會，不然我們就各自報備時間和行程，好好去享受各自的約會。我覺得這樣的距離很良好，並非不在意彼此，而是我們更懂得去尊重與相信。雖然我們在一起，但我們仍舊保有自己原本的世界，如果用兩道光芒來比喻的話，應該相互映照，而非搶走對方的光，或逼迫對方和自己融爲一體。不需要爲了使對方開心，而犧牲自己原本的好惡。

很多地方能表現得很大氣，但我想那是因爲更多時候，我們相處有十足的默契，知道彼此在意的事情是什麼。例如每年一月的交往紀念日一定要出遊，兩人的生日要窩在一起慶祝。除此之外，還有重要的日子，我們也會放在心上，一件是里歐所重視的，每年農曆三一九的北港大熱鬧；和我重視的，暑假必定會上映的名偵探柯南電影版。

那或許是自己的一份執念，很多人會問我，我這麼喜歡看柯南電影，一定會好幾十刷那種，爲什麼卻對任何周邊或小物沒有興趣？後來仔細想想，我每年所期待的，或許是和最重要的人，一起進電影院欣賞柯南電影再一起討論的那種歸屬感。

從交往起，每年柯南電影上映，挑選第一天、第一場進電影院觀賞已經成爲我們的習慣，但在里歐開始上班時，這件事的優先順序有了轉變。

他開始必須將更多的時間給公司、給工作，這些理由都名正言順、冠冕堂皇，關係到很多人與伴隨而來的責任，所以就算他不再把一起看柯南當成第一順位，我也只能語塞，但內心卻波濤洶湧。

我曾想：「那我是不是也不用那麼在意北港大熱鬧這件事？是不是不用老是在他提醒前就自動排開行程，爲他的喜好做好安排？」

但是，也是在這種時候，我會切身感受到「愛有時眞的是一種獨佔的自私」。我的內心，沒辦法眞正做到完全體諒對方的寬廣大度。本以爲這件事會埋藏在心裡，日後又成爲下一個爭吵的未爆彈，卻在討論這個章節的過程裡，有了解套的機會。

我們沒辦法去修改成爲大人以後的許多不容易，比如有些行程身不由己，有些選擇也沒辦法只以自己爲優先。

但我們能做的是「替代」。例如，里歐開始陪著我二刷、三刷，或是主動提出想看 4DX 版；我心中知道這些都是他以前不會有過的舉動。他陪著我，讓我感受他比我更熱愛並且重視這件事，慢慢地，那些情緒就煙消雲散。

愛雖然很自私，但有時只要爲對方多著想一點，它就會轉變成爲一種祝福與陪伴，或許不見得能夠十全十美，但帶有一點缺憾之後的關懷，可能反而更深刻。

快問快答

COLUMN

Q：有時候會因爲太愛對方而縮小了自己。在緊密的戀愛與生活日常中，保有自我的祕訣是什麼呢？

雖然常常將視線放在另一半，但也建議大家，可以把一些焦點，放回自己身上。

問問自己喜歡什麼？不喜歡什麼？或自己的好惡、當下的感受等等。不想要的選擇就勇敢拒絕，想要的決定後就努力往前。

把「我」的順位稍微往前不會影響關係，照顧他人的前提，從來都是自己先被妥善對待呀！

時間跟空間，這兩「間」很重要！

兩個人可以長時間的甜膩在一起，但仍然要有自己的時間，享受自己單身時就喜歡的興趣及愛好，或是跟姐妹們喝下午茶。

另外就算同居也要給予彼此適度的空間，給予隱私。不僅在感情中能保有自己，更能讓這段關係更有彈性及呼吸。

20 讓彼此成為自己

「除了日常的互相調整腳步，最感謝里歐的，是他在我快要放棄內心真實的夢想時，拉了我一把，做我最堅強的後盾。」

先前上完唐綺陽老師的節目，雖然被笑兩人怎麼還沒分手，但也被唐老師提醒，我一定要把內心最渴望的眞心話說出口，里歐也一直在等我說出來。他們都觀察到我的渴望，只有我自己還欺騙著自己。

那天，我在節目上崩潰大哭，那也成爲改變的契機。

唐老師在節目裡說到：「阿凱你在影片裡永遠沒有表情。因爲你的上升和太陽都是天秤座，就是雙重的鋼骨結構，這樣的人會裝出自己很開心，或是很符合大眾該要有的樣子。但其實很辛苦，因爲阿凱的柔軟都在心裡最深處。」

不知道從什麼時候開始，別人對我的印象都是「壓抑」二個字。阿凱你太壓抑了！阿凱你放鬆！阿凱你不要再這樣子折磨自己了！其實我知道，這樣的僞裝是源自於內心深處的不安全感。我深深地害怕自己不被他人所喜歡。

我害怕別人怎麼看我。大至觀眾、小至身邊的人，所以不知不覺練習出一套模式，什麼時候笑、絕對不能哭，不然就彷彿印證了「我不完美」這件事。

但在世界上，完美並不存在。當放鬆了內在的自我壓抑，誠實面對自己的脆弱與自我欺騙，才能往眞正的想望前進。

三十二歲那年，我終於下定決心告訴經紀人：「一直以來，我的夢想都是當演員。」過去的我不敢把這個夢想說出口。我知道自己的條件不符合這份職業的主流樣貌，但我想追求的，並不是戲份多寡或角色比重，只是單純享受表演這件事，也熱愛那個爲表演而全力以赴的自己。

說出口的那一刻，代表著面對自己的不足，同時也願意爲自己的不足，去做出相對應能彌補的努力。我學著不再去擔心他人的眼光，不再去擔心自己的夢想會被誰給恥笑。擁有一件想要努力與拚命的事，縱使很傻也傻得很美好。不用再假裝自己是誰，只要好好接受這個平凡無奇但仍然可以拚盡全力的自己。

里歐告訴我，當時的我全心支持他在彩虹平權大平台工作，去追尋他最嚮往的環境，現在的他也會無條件地爲我應援。

而且，其實里歐一直都知道我的夢想。

剛交往的時候，我努力跑遍各大專院校參與學生製片的演員徵選，哪裡有機會就到哪裡去，里歐當時爲了瞭解我在做什麼，也陪著我一起東奔西跑，有時是一起試鏡，有時是在一旁看著，這些都讓我感覺到，他把我的夢想放在心上。

正視自己的夢以後，是更現實的經濟問題。演員這份工作養不活自己，更不可能擁有穩定的收入，更多時候，是里歐借錢資助我生活費，撐著我往前。

曾經覺得這樣的自己很沒用，也不想再無止盡地看不見明天，想過是不是就放棄一切離開臺北，在臺南找份穩定的工作，把欠里歐的錢還光以後，和他安穩過日子就好。

但他看我的眼神，比我自己還更堅定，他是全世界最相信我一定會成功的人。他對我說：「老公，你要相信你是績優股，我現在就是在投資，因爲你一定會成功，所以你不要擔心經濟的壓力，把你的表演給準備好，直到你終於被伯樂看見的那天到來。」

二〇二四年的年初，我參與的戲劇《恆久定律》上線，很榮幸能以演員王盈堯的身分，參與首映會與各種宣傳活動，也在現場感受到觀眾的喜愛與支持。我永遠忘不了在首映會那天，有許多人拿著我的應援小卡和我合照，和最後明明假借有工作沒辦法前來支持，卻在中途驚喜出現的里歐，不只給我最深的擁抱，也公布應援小卡的製作者，就是他本人。

謝謝你，在全世界都還沒看見我的好時，就比任何人都還相信我可以做到。爲了你，我會成爲眞正的績優股，牽手看見所有最美好的景色。

歐凱小劇場

開始變得愛哭

在唐老師節目上大哭後的阿凱有了另一個改變，
就是變得比里歐還愛哭。
從小不論是在家裡還是學校，
總是被教育「男孩子不應該哭泣」。
久而久之成爲一個面無表情的人。
到了這麼大，才發現情緒自然湧現時，會化成眼淚，
也開始練習擁抱自己，學會哭出來。
流淚後才發現，身體與內心還住著許多的感受與變化，
只是從前都被忽略了。
這本書裡，阿凱直接面對自己，
也眞誠面對翻開書頁的每個讀者，
把故事說給所有人聽。

21 雙腳上的世界地圖

里歐的雙腳有血管瘤。他說：
「就像是腳上擁有一大片的世界地圖，
這片地圖能帶我到好遠的地方。」

里歐雙腳的血管瘤，是從他出生就伴隨在腰部以下的陽性腫瘤，兩隻腳會分布著鮮紅色一片一片塊狀的圖案。有時會有人詢問他：「是不是燙傷？」也有陌生人會給予失禮的評價，但這些回到他身上，都成爲讓自己更勇敢的印記。

但他也會害怕，在兩人相處時，曾丟考題給我。

「如果我以後沒辦法走路，老公會不會離開我？」他這麼問我。

「不會啊——」

「那你要揹我嗎？」

「可是你很重。」每次我都會故意鬧他，但我知道那是他在對我展現自己沒有安全感的時刻，我不希望他覺得這是一件嚴重的事情，我想讓他知道，血管瘤從來就不會影響我們之間的關係。

這件事從交往至今，也有了很大的進程。里歐原本不敢穿短褲，怕大家看到會覺得奇怪，他也不想接受其他人的異樣眼光，所以在衣櫃前挑選衣服時，他會先望向短褲，再說一句：「算了！我的腳醜醜的。」然後改變心意拿長褲來替代。

發現這件事以後，我把短褲遞到他眼前，對他說：「我想穿短褲，我們一起穿情侶裝好嗎？」平常也會對他說：「我很喜歡寶貝的雙腳」、「我覺得你的雙腳非常好看」，慢慢建立他的自信心。

前面提到，交往不久後我們就一起剃光頭參與七日的短期出家，在那段時間，還發生了一個插曲。第六天的夜裡，因爲隔天就要捨戒離開，寺院安排夜間懺悔的儀軌，希望藉由在佛陀面前禮拜的舉動，收攝自己的身心，並記得在離開寺院以後，面對任何困難都能謹愼思考並作出選擇。

懺悔禮拜的儀式結束，我才發現引領法師們全部圍繞在里歐身邊關心著他。原來是禮拜的動作使血管瘤發作，雙腳的不適讓他痛得流下眼淚來。師父們溫柔地和里歐說：「不舒服可以坐在椅子上，以心念響應即可，爲什麼要這麼拚命執行呢？」

里歐當時一邊哭泣，一邊回應：「因爲我不想被覺得我和大家不同，不想因爲雙腳的不便，而被特別照顧。」我從這些話感受到里歐的尊嚴與韌性，也是從那時起，我不再覺得他的血管瘤有多特別，也不會特意地覺得他需要被照顧。當他需要我的幫忙時，他會主動開口，我再給予援助就好；他若沒有開口，那他和大家就沒有分別。

每年臺灣各地都會有同志遊行活動，這天大家會打扮得亮麗繽紛，展現屬於自己多元又獨特的美麗，我們則選擇用拍影片的方式記錄現場的美好，再藉由影片的傳播去陪伴大家。遊行的路線很長，短則兩三公里、長則五公里，但我們依然會走完全程，期待能捕捉到每個多元群體，也因此每次拍攝結束，里歐的血管瘤就會發作。

血管瘤不能久站，也不能做激烈運動，所以像這種需要大量勞動的拍攝，里歐都會在當天先穿上靜脈曲張襪，襪子的壓力能抑制雙腳血管的激烈狀態。但穿上靜脈曲張襪本身就不舒服，若碰上炎熱的大暑，更會悶熱難耐，因此每次遊行影片拍完，里歐總會步履蹣跚，更嚴重時還必須依靠我的攙扶，才能勉強慢慢行走。他會在這時氣餒，覺得被自己的身體給限制；而我總會在這時候稱讚他很偉大。「寶貝你知道嗎？你走的這每一步都在為許多無法走出來的人們往前邁進。雖然現在會感覺到身體的不方便，但是踏出的每一步，都通往更遠更遠的未來。」

或許就是在一起努力的當下，看見這麼盡力的他，因而生起無論如何，都一定要陪在他身邊的念頭。世界地圖只有一個人行走太寂寞了！總要有個人陪在你身邊，聽你分享，陪你經歷各種悲喜與酸甜。

如果真有這麼一個人，我想當這個人。

Chapter

3

沒有人是獨自的存在

衣櫃不算太寬　藏著你的天堂　依然歡迎我分享

我們的愛很像　都因男人而受傷　卻又繼續碰撞

——〈彩虹〉，張惠妹

22

出櫃是全家人的事

「父母在孩子出櫃的那一刻也走進櫃子，
成為櫃父母，他們所承受的，
可能是不亞於我們日常的擔心、懼怕眼光。」

「你有愛滋病嗎？」里歐和媽媽出櫃時，得到這樣的疑問。當時他和媽媽正在廚房煎魚，沒來由的問題雖然令人受傷，卻也其來有自，因爲大衆媒體在那個年代，時常將同志和愛滋畫上等號，以致於許多人在沒有正確認識同志群體和愛滋疾病的情況下，汙名化的標籤就隨之產生。

以我來說，就曾經被親戚帶往宮廟求神問事，神明告訴我媽，我正在「碰毒」。眾人聽到這個答案非常詫異，我則覺得荒唐，別說毒了，當時我連菸酒都沒沾了！後來才知道神明說的毒是指同性戀傾向；那是一間比較傳統的宮廟，主神對同志的看法也相對保守。

這件事並沒有不了了之，沒過多久，我就在家裡被出櫃了！雖說是「被出櫃」，但也是自己白目，當時和一位學長在交往，二十四小時都想和對方黏在一起，一放學或假日就把對方帶回家，會被發現只能說是自己活該。

里歐的出櫃更轟轟烈烈。他和當時男友的接吻照不曉得被誰給偷偷下載，放在家裡共用的電腦桌面上，還建了個資料夾，當里歐媽媽要用電腦玩明星三缺一時，馬上被眼前所有接吻照給震撼。

年輕時的我們還沒有那麼大的勇氣與能量，光是面對自我認同的掙扎就已經自顧不暇，更何況是和親密家人進行反覆又綿密的溝通？因此小至爭吵、大至家庭革命，多年來一直不斷地在這件事情上對話。

說「對話」還算和平，事實上兩位家長的反應非常激烈，里歐媽媽說要切斷里歐的金援，還叫他不用念大學了，馬上回雲林老家。我媽則是什麼話都說過，也曾把我是同性戀這件事變成自己的責任，對著我說我很不正常，責備自己是不是沒有把我教好，或是修行不夠、福報不足，才會使我「變成這樣」。

原來出櫃之後，同性戀不再是個人的課題。

我媽曾告訴我，頻道創立以後，有許多親戚詢問他，連他在佛堂的師兄姐或鄰居都要八卦一兩句。他不曉得該怎麼應對這些眼光，每一個疑問都像利刃，指責他怎麼把孩子照顧成這個樣子？沒有人給他性平教育的知識，更沒人告訴他要如何爲自己和孩子發聲。

里歐的媽媽因爲在銀行上班，環境比較保守，面對許多問題也難以招架，里歐出櫃後，媽媽在電話裡說到都哭了！但他也不甘示弱，媽媽哭他也跟著哭，並把多年來放在心裡的話說出口：「從小到大，什麼事情我都按照你的期望去達成，難道只因為我喜歡男生，我就不再是你心目中的乖小孩了嗎？」

當家長心情低落的時候，更有可能說出難以應付的話。

有天晚上，我突然接到我媽的電話，說：「你現在有里歐，弟弟也有女朋友，我可以離開了！」這段話可能在他心裡藏了許久，不知道是氣話還是眞心話？我連夜從臺北趕回臺南，到家時家人都已熟睡，還好沒有任何憾事發生。

隔天我媽醒來看到我，母子間有種說不出口的尷尬，當時還是媽媽比較勇敢，先給我一個無聲的擁抱。

多年後，夫夫之道受邀到臺南成功大學，和學生分享多元群體與出櫃後的家庭對話，當時我媽也來到現場。他明明比我們還緊張，卻顫抖著手拿起麥克風，鼓勵現場的同志朋友，不要放棄和家人對話。他那時是這麼說的：「你們不能要他（家長）馬上接受這件事，我們受的就是傳統教育，這件事對我們來說是很新的事情，因爲以前也沒有機會接觸到，所以需要時間。但他一定會支持自己的小孩，因爲他愛你們。」

時至今日，我們與家人的對話仍在持續著，也不斷用實際的生活與情感去證明，同志和其他人沒有什麼不同——我們只是愛的對象與父母心目中期待的不同，但關於愛的本質與愛人的能力，是完全相同的。

里歐有話想要說

我曾經埋怨過我媽。

爸爸在我國小六年級的時候過世。在這之後，媽媽便一肩扛起了整個家的責任，獨自撫養我、當時讀高中的二姊以及五專的大姊。

求學過程中，我曾因爲性別氣質被同學霸凌，嘲笑娘娘腔、娘炮什麼的。回到家裡，跟媽媽哭訴這件事時，他只說：「誰叫你聲音那麼尖、走路屁股都搖來搖去的，難怪會被欺負。」就教我到學校要壓低聲音講話、走路要開開地走。

我曾經認爲他一點都不懂得保護我。長大之後回想起來才明白，那已經是當時的他能想得出來、最保護我的應對方式了。

這樣的媽媽，始終站在我這一邊。大學時我去看了 LADY GAGA 的演唱會，也把指甲塗成黑色當個「小怪獸」。參加完演唱會後回北港直接去公司找他，結果害得他被問東問西，「為什麼男生擦指甲油？」「又不是女生怎麼會這樣？」結果他只回了一句：「這是藝術啦，你們不懂！」

沒多久，我跟第一任男朋友分手，那時媽媽接到我的電話，知道狀況後只淡淡說：「回來家裡！」我立刻趕了最末班高鐵，轉計程車回家，一開門便抱著他痛哭流涕。但其實我知道，他的心也正在流著淚。

他不希望自己的兒子喜歡男生，他跟我說過都是他不會教囡仔，把一個好好的查埔囡仔教成這樣不男不女，卻要安慰兒子跟男生分手而造成的傷痛。

我在大二那年出櫃，他則在我出櫃後走進了櫃子。我開始做我自己，而媽媽卻要承受各式各樣的質問與眼光，承受所謂的傳統帶給他的束縛。他不認識什麼是同性戀，甚至在我出櫃後第一句話就問我是不是有愛滋病，但他開始正視同志這件事後就非常努力地學習，不懂的、不知道的就直接問我。

出櫃後的十幾年我逐漸成長，媽媽也陪著我一同長大。他跟著我認識什麼是同性戀、什麼是同志家庭，甚至跟我走上街頭，參加同志遊行。

我好想大聲跟媽媽說，謝謝有你，讓我成爲更完整的自己。謝謝你，讓我卸下身上所有因爲傳統束縛而貼上的「不孝順」標籤，讓我們都能打破時代的框架，一起往前邁進。

我永遠都是你的兒子。

23

另一位媽媽

「我有兩位媽媽，
一位是生我的媽媽，
另一位是我的二姨。」

我媽共有四姊妹，二姨排行老二，我媽排行老三。雖然我們都二姨二姨的喊著，但從小到大他都和我們形影不離，從我懂事以來，我的起居和日常，都有他的陪伴。

回想小時候，對二姨的印象是很漂亮的阿姨，非常珍惜自己的長髮，保養得烏黑亮麗又柔順。個性也非常溫和，很多事都藏在心裡，很難能見到他的情緒，對外公、外婆非常孝順。

小時候很喜歡去住外婆家，其實是喜歡和二姨相處。我們會在客廳看動畫，然後睡前他會將洗好的衣服放進洗衣籃，再用長竿子一件一件將衣服給掛上曬衣桿，我會在旁邊跟著，儘管當時還很矮的我在一旁根本幫不上忙，但能在他身邊就覺得好開心。

回房間後，我會看書櫃裡二姨收藏的漫畫。多半是少女漫畫居多，有《凡爾賽玫瑰》、《千面女郎》等等，我總是讀得津津有味。此時二姨則會拿出另一本教中國結的書和裝滿五彩線的方型鐵盒，安靜地在一旁打著中國結，偶爾問我：「好不好看？」

後來媽媽和二姨一起工作。他們加入成衣工會，買了兩臺車縫機，在外婆舊家的三樓，兩人將車縫機面對面，日出而作、日落而息，和各種衣物與布料爲伍。我的童年充滿著車縫機車過衣服的聲音，因爲我會在他們工作時湊在一旁聊天，等弟弟出生以後，就變成架張小桌子，在旁邊寫功課。大阿姨、小阿姨也曾經加入車衣服的行列，有時會熱熱鬧鬧的四姊妹聚在一起。

國中時，二姨打包行李，說要來暫住我們家，那時候還不懂事，只覺得二姨要來住，當然太棒了！因爲我很喜歡二姨，家裡多一個人也很熱鬧，卻沒想到他的暫住是身不由己。

外婆還有兩個最小的小孩，是四姊妹的兩位弟弟。當時其中一位舅舅對未來感到迷茫，找不到工作卻又想拿錢養女朋友；而更小的舅舅酒精中毒，清醒時就會跟外婆要錢，喝醉時六親不認，摔東西已是日常，在外面欠錢導致債主上門鬧事也是家常便飯。

爲了讓外公、外婆不要再拿二姨的薪水去養這兩個舅舅，姊妹們商量之下，媽媽請二姨先暫時來住我們家，明明和家人很親近，卻要刻意躲起來、讓自己人間蒸發，只希望外公、外婆能早日清醒，不要再重蹈覆轍。

但這件事談何容易？在傳統重男輕女的年代，以及寵溺孩子的情感，並沒有因爲二姨的行動與其他姊妹苦苦相勸而改變，還是走進了深不見底的輪迴。最後外公因爲中風而倒下，外婆的身體也開始出現狀況，二姨因此離開我們，搬回外婆家，他盤起頭髮、脫下美麗的洋裝，開始了將近大半輩子的照護時光。

照護是生活中最磨人的修行，二姨的生活重心只剩下外公和外婆兩人，換尿布、擦澡、鼻胃導管的管灌進食、定時的觀察與陪伴，還有回診與不知道什麼時候又會突然襲來的急診掛號、住院照護等等，更別提爲了各種開支，他還必須維持一份正職工作。二姨的頭髮漸漸白了，笑起來很好看的臉上多了歲月的紋路，但我從來沒有聽他喊過一句辛苦或不容易。

在這段漫長的時光裡，媽媽一直和二姨分擔，一起工作、一起負擔開銷，但媽媽還有另一個家可以回，二姨卻只能二十四小時待在那個家。雖然我也時常會和弟弟去幫忙，但待個一天就疲累不堪。尤其早期二姨照顧著外公、外婆，老人家卻開口三句不離一句舅舅時，更令人感到灰心。

爲什麼眞正在你身邊關心你的人，不被放在心上；卻把一輩子的愛，都給了製造風雨、讓你不斷向下沉淪的人呢？媽媽說這是修行，那如果這就是這輩子自己選的課題，那麼修行完了，就可以解脫了嗎？這個修行的終點，是生命的消逝嗎？二姨和媽媽眞的很疲憊，在共同撐著原生家庭時，也會因爲照護與費用上的事情偶有摩擦。某一次聽著他們的爭吵，我心中忍不住偷偷想：「爲什麼外婆不快點離開這個世界呢？」如果他走了，二姨和媽媽是不是就能解脫，也終於能好好喘口氣了呢？

這個念頭一升起我馬上就自責不已，也害怕有這種想法的自己。

我內心深愛著他們，只是希望不論是那時已經雙腳不便的外婆，或是付出所有青春的二姨和媽媽，這個家的每個人能幸福而已，但，眞的好難。

二姨常說他很傳統，但其實他在我心裡非常前衛。爲了照顧外公、外婆，二姨奉獻了一生，他沒有結婚，但在那個年代，不婚的女性常受到關注，還會被罵老姑婆等難聽的字眼，但二姨只是忠於自己的選擇。

我和里歐交往時，二姨是媽媽最忠實的聆聽者。也是因爲有二姨，我才有機會知道我出櫃時，媽媽承受了多少親戚與佛堂師兄姐的關切，而所有壓力的出口，都是一直陪伴在他身邊的二姨，聽他的辛苦之處，並且告訴他，那個孩子依然還是自己的孩子，這件事不會改變。

某天半夜，我和二姨傳 LINE 聊天，他終於問起我和里歐的事。我誠實以對，而他沒有責備，只說他不是很懂，但如果我們能照顧好彼此，好好跟媽媽溝通，他也覺得這「沒有什麼」。

他說他很傳統，但在公投結果出來時會跟著媽媽一起氣憤；在我們被批評時會挺身站在我們面前；在有時候家裡發生爭執或大戰時，也會馬上趕來當和事佬，要我們好好溝通，珍惜這一世的緣分。

頻道創立以後，一直有機會拍攝旅遊影片，有次因緣俱足之下，我們能帶外婆出門旅行。那時外婆已經不能行走，他的世界從一個家變成只在一張床上的範圍。

我們借了一輛載得下全家人的車，由弟弟負責駕駛，我們一家人，連同里歐和弟弟的女友，先後到高雄、臺中等各地遊覽。

當一行人到了高雄佛光山，進入大悲殿、見到觀世音菩薩時，外婆和媽媽們都哭了。我不知道他們是因爲壓力到了臨界點而哭；

是因為這條修行的路途真的太不容易而哭，還是因為人世間的悲苦與無可奈何而哭？哭完之後，人生還在繼續，我們也會一起繼續面對新的考驗。

我曾問過二姨，一照護就是三四十年，他有沒有埋怨或後悔過？他搖搖頭，露出微笑，反而感謝生命讓他有好多時間可以陪著外婆，能好好盡一份力去做能做的事。

後來，外婆也很少再提到舅舅們了。現在開口閉口都是自己的女兒們。雖然因為失智的狀況，有些人他不一定記得，但他還記得我是堯堯（他都這麼叫我），也記得一直照顧他的兩個女兒——阿娟和阿碧，記得我的兩個母親，從來都沒有離開。

24 帶你見家人的那一天

「交往可以只是兩個人的事，
但我們兩個都樂於和家人分享朋友與生活，
對媽媽們來說，或許也像是多了一個兒子。」

交往前還在曖昧時，里歐就因爲來我們家借住而和我媽打過照面。當時都還沒確定關係，但里歐已經把他當成自己的媽媽來看待。里歐笑起來乖巧可愛，一直以來都非常有長輩緣，見面時也表現得彬彬有禮，因此我媽對里歐的第一印象也不錯，覺得這個孩子非常陽光。

打招呼時，里歐偷偷觀察我媽在玩的手機遊戲，回到房間後就立刻下載、還辦好帳號，待再次下樓時，就和我媽說：「阿姨你也有在玩這個遊戲喔？我也有喔！」當時我媽的雙眼彷彿能看見星星在閃耀，因爲兒子一直不想陪他玩，但兒子的朋友居然有玩這個遊戲，甚至主動聊起，我媽、我二姨和里歐當場成爲盟友，還一起創了遊戲公會。

他們因爲遊戲而拉近距離，回臺北時有幾次半夜接到我媽的訊息或來電，接起來都不是因爲想念兒子，而是有事找里歐。

「可以叫里歐給我三塊木頭嗎？」「那個外國人說什麼聽不懂，叫里歐把他踢出公會。」「叫里歐上線，要去簽到領寶物喔！」

他們的遊戲一個換過一個，每個都不持久，但互動可愛極了。

我的情感比較壓抑、想說的話常有所保留，其實我家的互動也是如此。要我當面說出眞心話，或者日常一些比較肉麻的語氣，對朋友也許還能做到，對家人卻往往變成激烈的言語衝突或自我封閉。因此當個性溫暖又擅長把話說出口的里歐加入我的家庭，就出現了不同的風景。

除了肢體語言和情感表達，里歐也很常會和我家人開起座談會，從性別平權聊到政治，從佛法聊到美食，任何我媽感興趣的、好奇的疑問，里歐都會花上很多時間去和他說明。

記得我媽起先對我們兩人的關係，仍舊抱持著傳統的刻板印象和偏見。即使已經看了我們的影片，慢慢瞭解什麼是「多元群體」，但仍然有許多不解的地方。不過，相較於里歐媽媽，我媽花了更多時間在糾結於：「你們兩個男生究竟是因爲什麼緣分和命運，才會走在一起？」我很確定我的戀愛腦八成是遺傳自我媽。

至於我初次去里歐家時，也是有用了一點小心機，希望能在另一半家人的心裡留下好印象。那天是去里歐家晚餐吃火鍋，全家人先一起去大賣場採購。逛街過程中，里歐和媽媽牽著手有說有笑，我則把注意力放在兩個姪女身上，推著賣場的玩具車和他們玩，孩子們不怕生，用純眞的童音問：「你是誰？」「你是舅舅的誰？」後來里歐偷偷和我說，媽媽說小孩喜歡的都是好人，第一印象果然加了不少分。

後來因爲拍片或參加藝閣，常有機會去里歐家，不知不覺也被納入爲一大家子中的一份子。如果用一幅畫面形容，對我來說就是好多人塞在一小桌子前煮火鍋、吃飯聊天的場景。

出櫃時的爭吵，搞得整個家庭彷彿要分崩離析，明明在意彼此卻收不住冷言冷語、淚水和言語攻擊。本以爲這輩子都不可能完全解開了！卻因爲我和里歐闖進彼此的生命，而有了鬆動的可能。

25 當黑暗降臨

「在最黑暗的時刻，為我們帶來光芒與安慰的，
除了身邊緊密依靠的夥伴，
還有願意站出來、勇敢接住我們的家人。」

二〇一八年十一月二十四日，臺灣的同志群體最受傷的那一天。全國性公民投票的開票結果，令許多人的靈魂進入生命暗夜，當天我們的粉專底下也出現不少攻擊文字，例如：「全臺灣有七百多萬人希望你們滾出臺灣。」「同性戀應該都要下地獄。」甚至還能看見對家人的批評：「眞想看看是什麼樣的父母，會生出同性戀這樣的怪物。」

身邊有許多抵抗不了惡意的朋友撐不下去，就這麼選擇離開這個世界。對離開的人而言，時間就永遠停在那一刻了。至於被留下來的人，還必須振作精神、穩住情緒，繼續爲這件事奔走努力。

那天我們原本在台南新芽協會陪大家開票，在票數越來越不妙時，臨時決定奔回家開直播，在線上陪伴大家。那是我們直播最多人觀看的一次。原以爲近千位在線的觀眾，恐怕是來對我們冷嘲熱諷或攻擊的網友，但我們錯了。在線上的人，有同志朋友、有異性戀、還有許多關注這件事的人，和最重要的、一直都默默陪伴我們的——我們雙方的家人。大家在線上聚在一起，還唱了張惠妹的〈彩虹〉這首歌。當天的發文設了專屬標籤「#朋友我都在」；想告訴自己還有所有人，不論是晴是雨，甚至生命颳起了颱風，我們都會一直陪著大家。

公投之後，里歐有次在我家說起這件事，說著說著就在我的家人面前哭出來，二話不說就直接上前擁抱他的，還是我媽。他抱著里歐說：「不要放棄，也不要灰心，讓更多人認識我們，給他們時間，會越來越好的。」這就是家人吧？明明可能自己也很難過，卻一心先想著要我們好。

可能是因爲公投的傷害，也可能是媽媽們發現，同志身分讓我們在頻道上太容易成爲標靶，或者收到陌生人的惡意與攻擊；從那時起，他們開始主動詢問我們台南彩虹遊行是什麼時候？更令人感動的是，他們願意和我們一起走出來。

里歐的媽媽和家人會一起參加，雖然用抓寶可夢當藉口，但單是願意親自來到遊行現場，就是對我們最大的支持。而我媽和二姨則把台南彩虹遊行當成某種健行運動，雖然他們沒有辦法走完全程，但只要一知道哪天會舉辦遊行，有時間就會一起前來。

三位媽媽就這樣不約而同地開始陪我們遊行，並對遊行現場的一切感到新鮮。有趣的是，因爲我們會向大家介紹他們，現場不論是友善的志工朋友、變裝皇后表演者、或是觀看我們頻道的粉絲，都會一人一句「阿凱媽媽」、「里歐媽媽」地喊著他們，他們總是能在遊行過程中，收到很多善意與熱情。

有一次，我們一起走在台南彩虹遊行的街道上，我問我媽：「你有沒有覺得好像突然多了很多孩子？」不曉得聽到這句話，他的心情是什麼？就如同我也未曾想過會有機會和他一起走在這裡。

我媽思考了一下，露出微笑：「其實我覺得你們每個人都是一樣，和其他人沒有任何不同。爲的都只是一份單純的愛，想好好地愛人與被愛而已。」

說完，他牽著我的手，我們走在遊行的人群裡，跟著二姨和我弟，還有從隊伍前段趕回來和我們會合的里歐。我們一家人，一起往前走著。

26

最強大的直男弟弟

「公投過後的那一晚，還有一位出乎意料的家人，
用最直接的方式表達關心；
他就是小我四歲的弟弟。」

「明天高雄同志大遊行幾點要出發？」公投結果出來的那一天夜裡，我收到弟弟傳來的訊息。

「你要去嗎？」我以為我看錯，又再問了他一次。

「去啊！去給你們力量。」

這就是我弟。他總是用他的方法，平常讓你以為他漫不在乎，卻不經意地讓你發現，他其實一直把你放在心上。

我們兩人從他出生以來形影不離。求學開始，不論國小、國中、高中、大學甚至到現在，許多行程我都會把他帶上，因此我身邊的朋友多半都認識他，甚至我離開臺南後，朋友們都和他繼續聯絡。很多人都說很少有兄弟可以處得這麼好；但我總覺得全世界有這麼多人，卻偏偏是他成為了我的弟弟，這份因緣非常可貴。

從小我們兩人相互陪伴，一起玩耍，也幹了很多蠢事。小時候的他像個跟屁蟲一樣，聽著我這個大哥發號施令。

我們一起洗澡時會玩醫生遊戲，他是病患我是醫生；也曾買過小黑板放在客廳，自己當小老師而他當學生。那時候很風靡庫洛魔法使的庫洛牌卡，我會把牌卡撒滿全家，逼迫弟弟裹著棉被扮演四大元素，然後我會變身成主角小櫻，把他給收服變回庫洛牌。

在寶可夢還被稱為神奇寶貝的年代，夜市可以買到小型公仔，小朋友之間非常流行鬥公仔的遊戲，只要公仔的一角能壓制對方的公仔，就能把對方的給帶回家。有一次，他朋友的哥哥用作弊手段把我弟的公仔全部騙回家，看到弟弟一副委屈想哭又不敢告狀的表情，氣得我直接衝到對方教室揍了他一拳，把所有公仔搶回來。

那時候，他總是默默地跟在身後叫著哥哥，我也覺得身爲哥哥，就是要一直在他前面爲他抵擋下一切。我們在不知不覺間，一起長大成人。

爸爸的離開，是弟弟的轉捩點。他和我不同，一直都和爸爸很有話聊，甚至現在都還能想起他和爸媽一起在客廳玩著新ＡＰＰ的回憶。帶我爸回臺南後服喪的那幾天，我每天看見弟弟倒在爸爸曾躺過的涼椅上，有時哭著哭著就睡著了。那恐怕是他第一次那麼深刻地感受到「失去」這件事。

從那之後，我發現弟弟變得不一樣了。除了他原本就遺傳自爸爸、高到天際的一百九十三公分以外，他考了汽車駕照、有了車，開始把更多時間留給家人和伴侶。他的工作穩定，對自己的生活也有一定的品味和照顧。

原以爲成長不需要說明，感情也會隨著時間，一直保存得好好的，卻在我和里歐接受南臺科技大學資訊傳播系的畢業製作專題，由「The Same 影像紀錄團隊」的六位女孩幫我們與家人拍攝紀錄片時，我才透過他們的訪問，得以聽見弟弟從未說出口的話。

他曾經不瞭解我的性傾向，在發現哥哥都帶男生回家時，想說我是不是變了？當時甚至會覺得有點奇怪和噁心，這些看法，我從來沒有聽他提過。後來他開始主動上網看影片或查詢資料，當夫夫之道的頻道創立後，他也認眞觀看影片，希望努力找到自己能接受的答案。最後，他找到了解答。

「哥哥沒有改變，他只是喜歡的對象是男生，但他一直都還是原本那位善良勇敢的哥哥，他的伴侶也是很好的人。我會支持他們。」

在紀錄片公開以後，我才第一次聽見弟弟的眞心話。他說，他身邊也有很多朋友對同性戀不瞭解，一聽到這三個字就會說「很噁心」，但他會一一去和他們說明，去告訴他們同性戀並不噁心，對他們不瞭解就說出歧視的話，才是一種偏見。

小我四歲的弟弟，不只是長大了；而且還長成了一棵安穩、強壯的大樹，讓人可以放心依靠。

於是，在公投結果公布的隔天，我們一起參加高雄同志大遊行，那也是弟弟第一次和我們一起走出來。我們走在高雄的街道上，可能是前一晚開票結果太令人難過，許多人都明顯哭過，氣氛也有些低迷。

不論是否認識，人群中大家照顧著彼此，互相說打氣的話，想讓更多人知道，沒有人是一個人，我們還擁有彼此，雖然大雨滂沱，我們還是可以繼續努力，一起往前。

某個隊伍的掌旗手把彩虹旗交給我弟。我看著他爬上最高的地方，用一百九十三公分的高大身材，賣力地爲現場的人揮起旗子；他笑得好像沒有煩惱一樣，笑得好像所有人的困難都能被接住一樣。他爲所有人、還有自己的哥哥，持續揮舞著。

國小的我衝進別班教室，爲受委屈的弟弟出一口氣；多年後的現在，弟弟站上高處，爲了哥哥以及更多和哥哥一樣的人的委屈，用行動給出力量。

27

爸，我和你出櫃

「會不會就是因為我們的爸爸先一步離開，有了最遙遠的距離，才得以有許多幻想，去彌補成長過程裡曾經有過的傷痕和記憶呢？」

我和里歐都是單親家庭，爸爸都早一步離開我們。

第一次去到里歐家，見到他爸爸，是他在客廳對著爸爸的遺照向我介紹。里歐爸爸的輪廓和他有點像，那時里歐還指著照片，說了我覺得他夜半會被他爸打屁股的話：「你看，我髮線是不是越來越高？我覺得我會遺傳到我爸的禿頭，現在很擔心。」

我當下真的只能拚命忍住笑意，初次見面，不敢在人家爸爸的遺照前放肆笑出聲，但我也在心裡偷偷地和里歐爸爸自我介紹：「爸爸您好，我是您兒子的男朋友，未來，我會好好陪伴和照顧他。」

我和里歐曾經討論到，兩人的爸爸都是很嚴厲的類型，我小時候曾經因爲拿錯同學的水壺，被我爸誤以爲我偷竊，抓著我到廚房，作勢要拿菜刀砍斷我的手。我知道他只是想提醒我，但那場景實在太過震撼，對幼小的心靈造成很大的傷害，也因爲這個事件，我很不喜歡將他人的東西占爲己有。而里歐則曾因爲考試成績不理想，被爸爸關進完全黑暗的房間裡，罰跪好幾個小時。

現在想起來，那時候的教育十分不合理，若換到現代，我們或許會爲自己發聲，甚至向家暴專線求助，然後開始爲期一輩子原生家庭的療癒課題。更別提兩位爸爸都性格剛烈，如果他們還活著，自我認同的出櫃議題，究竟有沒有可能和他們提起？若眞的要面對，可能又是一段漫長的家庭革命。

我曾經問過自己，究竟恨不恨自己的爸爸？

在對爸爸的記憶中，有些永遠不會忘記的畫面。他是工人，在我國小時都夜半才回家，但爸爸一回到家我就會馬上起床，然後到飲水機去倒一杯水給他。他可能覺得全身汗臭和工地的灰塵，喝完水會和我道謝，卻從不和我擁抱。

若時間配合得上，他會載我上學，再順路去工地上班，途中他會先繞到附近的麵攤外帶一碗虱目魚羹，還要加一點醋和辣油，帶到工地當早餐。

有時，爸爸會問我要不要也來一碗？但我心想，誰早餐會吃這麼重？還是小孩食量的我，吃麵包配牛奶剛剛好。

不過回憶到這裡就不見了，因爲後來我爸就失蹤了。

他長年不在家，每當他離開，就會有地下錢莊的討債集團上門，媽媽永遠要我們躲起來，一個人和那些外表兇惡的人對抗。

家裡越來越多東西都被爸爸偷偷拿去抵押借錢。汽車不見了，機車不見了，就連媽媽的私人嫁妝都差點不見；後來我漸漸習慣這件事，對我來說，爸爸的失蹤就像死了一樣，他或許還活在臺灣的某個角落，但我們找不到他。

不過，我爸曾經找過我。

國二那一年，他已經完全消失將近一年多。無論節日和過年，都見不到他的身影，卻在一個平常上學日，接到他打到學校的電話，和我約在校門口見面。

他穿著工地的衣服，超過一百八十公分的身高，後來都遺傳到弟弟身上了吧！見到他，我其實覺得很陌生，心中有很多情緒，卻不知道該怎麼和他應對。我們像在家裡一樣沉默不多話，他塞了兩千元到我的手上，要我好好照顧自己和媽媽。我問他在哪裡？他說他在附近的工地上班。我沒問出口的是：那你爲什麼不回家？

後來爸爸又消失了。一陣又一陣，我好像有時有爸爸，有時沒有爸爸一樣，直到大學時才因爲爺爺生病，爸爸回到家幾個月的時間。當時爸媽已經開始分房睡，不過兩人一直沒有走到離婚那一步。

那段時間，家庭關係慢慢改善，確實能感受到爸爸的努力和想改變的心意，雖然爺爺、媽媽仍然會責備他，卻也私下說：「他好像有在改變。」他彷彿想用所有時間，加倍去彌補那些遺失的空缺般，爸爸不再缺席。

之後爸爸離開家，是因爲外派到臺中的工地上班，也說好等工作結束會回來，一家團聚。

但是在爸爸回家之前，電話先來了。要我們全家人去臺中認他，把他帶回家。我們驅車在半夜兩點多趕到臺中，那是一個環境很差、用隔間搭出來的臨時公寓，爸爸安安靜靜地躺在床上。研判是天冷，他喝了點酒保暖，卻沒有斟酌入口的量，就這樣離開了。

他的雙手緊攥成拳，整個人都僵直了。媽媽握起他的手，輕聲說：「辛苦了。不用再那麼努力了。把握緊的手鬆開吧。」

但我注意到的是放在桌上的一張匯款單，上面的數字是兩千元，匯款時間正好是發現他的前一天下午，那筆是他轉給我的生活費，當時我們還講了電話。我拚命回想，我有向他說謝謝嗎？或是至少說一句辛苦了呢？

還是，其實我內心眞正想說的，是我眞的很想你呢？

爸爸又消失了，只是這次是永遠地失蹤。我以爲自己已經習以爲常，其實不然。曾經去找那間小時候他常買的虱目魚羹，但已經沒有在賣了。所以，有時候想到他時，我會隨意找間麵攤吃。到現在我還是吃不懂他當時的感受，但虱目魚羹、加一點醋和辣油的味道，一直放在我心底。

如果爸爸還在，我會不會對他出櫃呢？會不會最後一樣開不了口？或是出櫃以後他會像小時候一樣想要拿刀砍我？然後在最後一刻丟下刀子，抱住我和我說對不起，再跟我說他不希望我變得和他一樣沒有出息？

我好想問爸爸，怎樣才是有出息的人呢？怎樣才能眞正被稱作是一個成功的人？對我來說，當時遞一杯水給辛苦工作一整天的他，就是我最期待的事，其實我都在裝睡，我一直都在等他回家。

後來，我在他的骨灰前和他說話，或許是這輩子和他說得最多的一次。

爸，我交男朋友了！他叫做里歐。你離開以後我和弟弟努力長大了，以前的你就好像家裡最高的大樹，但現在換你當時種下的兩棵小樹苗，要慢慢長成茁壯的大樹了！我們會照顧好媽媽，也照顧好各自的伴侶，雖然你的兒子是同志這件事，很可能不符合你對我的期待，但我始終很愛你。

那里歐呢？他對他的爸爸沒有恨，更多的情緒是愧疚。有一次曾聽他提起和爸爸的過往。里歐的爸爸會接送他上下課，買糖果給他吃。假日時，爸爸會帶全家人去附近的港式餐廳享用大餐，還有很多很多，都是一家人相聚時的美好回憶。

但在里歐國小放學後的某一天，因爲要緊接著去補習，爸爸在去幫他買點心止餓的路上，不小心發生車禍。當時正值 SARS 期間，爸爸不敢進醫院檢查，只簡單處理了身上的擦傷，沒有發現頭部有撞擊，因而延誤送醫，就這麼先一步離開大家。

爸爸的離開一直是里歐心裡的一個結，他認爲如果不是因爲自己，爸爸也不會發生這樣的事。花了很長很長的時間，他才慢慢能夠接受「爸爸會離開，不是自己的錯」。因爲今天換作是任何一位眞正珍惜你的人，都不希望你因爲自己的離去而自責，畢竟所有舉動背後的原因都是愛，如果這份愛成爲折磨你的壓力，相信爸爸在天上也會感到心疼。

我們兩個人，都過了好多年沒有父親節的日子。若依照我們兩人的規劃，未來也不會養兒育女，唯有把家裡的那隻胖橘貓當成自己的孩子般疼愛。

我爸會後悔嗎？里歐的爸爸會埋怨他嗎？現在都沒辦法得到解答了。只剩下活著的人，將他們當初的心意延續下去。

請你們好好守護我們唷。

愛你們，天上的爸爸們。

快問快答

COLUMN

Q：頻道很常會收到觀衆詢問自己要不要出櫃，該怎麼做出這個決定呢？

出櫃與不出櫃，都不會影響你是什麼樣的人。

但我更重視出櫃這件事的後續狀態，你會不會受傷？人身安全會不會有疑慮？會不會被斷金援等等，我會建議每一位想出櫃的朋友們，請以照顧好自己的身心爲最優先。

但如果你眞的評估後，覺得自己準備好了！我絕對百分之百支持你的決定。

其實早期的我是覺得，如果自己身處的環境及空間是安全的話，蠻鼓勵大家出櫃的，因爲可能不是這麼多人認識同志族群，如果多一個人出櫃，就更能增加代表性。

但是現在的我會覺得，爲什麼一定要出櫃？不論是同性戀、雙性戀、泛性戀等多元的性傾向，都是愛的呈現與樣貌，無需向任何人交代。

更重要的是回到自我本身，擇你所愛，愛你所選！

28 天使貓七七

「從沒想過和一個男人交往，
還能買一送一，
獲得一隻貓咪家人。」

在和里歐交往前，一直覺得自已應該是狗派，卻在我們交往同居以後，不知不覺地倒戈，被一隻橘貓給征服。

牠叫做七七，是里歐在牠四個月大時領養的毛孩，在臺南的大學時光、北上世新大學讀研究所到我們同住的現在，都有七七陪伴在他身邊。

七七是個男孩，臉上條紋相間，左右兩側的臉頰還有像火焰般的紋路，留有一點白色的小鬍子。如果換算成人類的歲數，應該是年紀比我們兩人都還要大的大叔貓了！但牠眼神圓潤，清澈得像個小孩，而且幼稚又白目，在我們兩人心裡永遠長不大——但食量卻大得驚人，幾乎是只要有飯吃就勇往直前，也不管究竟吃不吃得下，都會吃得非常乾淨★，就是阿嬤看到碗底都沒有食物，會稱讚孫子很感恩知足的那種進食法。

七七能吃能睡，還能用眼神和叫聲和我們溝通。我認爲聰明的牠是能認出我和里歐的，也慢慢理解我們的關係是什麼。

記得剛開始兩人同居時，我都在觀察牠，但牠也觀察著我，牠一定心想：「搞清楚先來後到的順序，你充其量就是個新來的。」但我也不甘示弱，會在心中嗆牠：「貓就是貓，和你主人談戀愛的人是我。」或許和牠鬥嘴是我幼稚，不過呢，我覺得那是因爲牠能聽懂，所以我要用平等的態度對待牠。例如牠對「胖」這個字眼很

★也可能七七真的時時刻刻都很餓！（凱）

敏感，牠雖然愛吃，也真的挺著大肚子，但不能說牠胖，否則牠會出聲抗議。也不能摸牠的屁股和肚子，牠的眼神會瞬間轉換，讓你打從心底發出冷顫★。

七七是我們兩人的調和劑，牠什麼都懂，也非常會觀察。平常牠很愛聊天，常對著我們發出喵——喵——的叫聲，頻率高到我們還要請牠安靜片刻，就是這麼愛講話的一隻貓。

但每當我和里歐吵架時，牠就會閉上嘴巴，靜靜地坐在我們兩人之間。有幾次爭吵時我奪門而出，留里歐在家哭泣，七七就會窩在里歐身邊，像團毛絨球般溫暖地陪著他。

有一次里歐出差，我和牠因此有機會共處幾天的時間。一人一貓的世界非常奇妙，我們可以很融洽地在同一個空間中共處，卻又保持彼此最自在的狀態。有天忙完所有工作行程後，我躺在床上小睡片刻，突然感覺到一股視線——我睜開眼睛，發現七七正躺在里

★不過如果在餵罐頭時摸牠的話，就要摸哪裡都可以（凱）

歐的枕頭上，與我四目相交。

大概有半小時以上的時間，我們對看，沒有發出任何聲音，我沒有翻身，牠也沒有移動，就這麼彼此看著，應該就是那一次吧！我在內心想著：「有你的陪伴眞好。」

不知道這份心意有沒有確實傳遞給牠，但自從那次以後，牠開始躺在我懷裡入睡，變得比平常更黏，我也感受到自己終於得到了牠的認可。

七七不容小覷，牠在二〇二一年已經搶先我一步，和蔡凡熙、魏蔓演了《都嘛是你的毛》這部作品，演員表上被掛上男主角的稱號，甚至由任賢齊擔任牠的配音。去劇組拍攝的那兩個禮拜，連導演賴孟傑都爲七七的可愛所傾倒，常讓牠坐在導演椅上，爲牠講戲。拍攝工作結束後，我開始尊稱七七爲前輩，畢竟牠的演員資歷就此超越我。

現在，我越來越明白爲什麼有人會說毛孩會征服這個星球，雖然我們只能在有限的生命中互相陪伴，但人類卻會成爲一輩子永遠記住牠們的奴才。

有貓眞好，能和七七遇見眞好。

里歐有話想要說

「哈啾！哈啾！哈～啾」在我們接吻到一半的時候，阿凱突如其來的噴嚏聲打斷了這個浪漫的時刻。一開始想說只是偶爾幾個噴嚏，殊不知後來接二連三，甚至連眼睛都開始發紅、流眼淚。原來從來沒有長時間接觸貓的阿凱，其實對貓毛過敏。但該怎麼辦？

先來後到，就算要送走，也不會是送走七七呀，只好把阿凱送走了（？）

幸好阿凱有在藥局工作的朋友，推薦了一款對貓毛過敏很有用的過敏藥。起初我是很抗拒的，畢竟是藥三分毒，哪怕什麼低劑量、長效型什麼的，就是藥呀！但阿凱說沒關係，爲了七七，他可以這麼做，跟要一直打噴嚏流眼淚比起來，吃一顆藥根本不算什麼。

這些年來，他每天吃一顆過敏藥，然後一樣抱著七七睡覺，把頭埋進去七七的毛裡大力的吸貓。看似平常，但在我心中，只有感謝。因爲沒有人有義務要做到這個樣子，他大可因爲不舒服而離開這段關係或放棄同居；但他沒有，而是爲了七七做了這些。如果說七七是天使貓貓，那阿凱就是天使貓奴。

29

你好嗎？前任

「關係裡的每一段前任，
都在教會我們可以如何好好去珍惜他人，
同時也回過頭來，認識與理解自己。」

和里歐交往前的我是逃避型人格，喜歡曖昧的感覺，但一旦發現對方認眞喜歡上我就會逃開，轉身去尋找下一個新鮮感。現在回想起小時候的自己眞的很爛，也因此傷害很多人。

直到和里歐交往後，我才開始認識到感情不該被這樣任意糟蹋與辜負，若不是里歐教會我「愛」這件事，或許至今我還繼續在這種自以爲是的戀愛模式中消耗沉淪。也因此，能和我繼續當朋友的前任不多，或許永遠人間蒸發、不要打擾對方才是最好的。

但這些人裡，最令我感到抱歉的，是一位不知道究竟算不算前任的好友。

和家人出櫃以後，家人用「不正常」形容我，激烈的話語雖然沒有帶給我實質上的傷害，卻因此被憤怒沖昏頭，決定用賭氣的方式給予家人報復。

當時有位國小同學和我關係很好，是位女生。我們無所不談，從日常作業到動漫、生活等等，是好到說約就能約出門的那種關係。國一時我曾在情人節買了巧克力想和對方告白，最後慘遭拒絕。經歷這些，還能保持友誼真的很難得。

於是，我決定約他出門，試看看自己是不是真的能夠和女生交往，如果我能做到，就能證明我還是家人心裡「正常的乖孩子」。

我們花了五年多的時間曖昧，身邊的朋友都覺得我們就是情侶吧！但只有我們知道，兩人的關係處在什麼樣的狀態裡。每次和他約會牽手就會覺得不自在，會用各種理由放開手；出去玩的房間也總是兩張單人床。兩人約會時，我都在看路上的帥哥，還會邀他一起欣賞。而他的話題也常是系上的學姐或學妹，誰讓他非常崇拜、哪位學姐很帥，或哪位學妹很可愛等等的。

透過這樣的交往，我越來越清楚地認知到自己不是異性戀，也沒辦法和女生發展更深的關係。我們可以無所不談、可以相互陪伴，但我愛的對象是男生。

但是，我竟然選在他大學畢業典禮那天放他鴿子。他不厭其煩地提醒我這件事對他而言有多大的意義，請我一定要到場，我也確實到場了；但我卻沒有走進禮堂，只久久站在大門前。我知道這一前進，我們的關係會變得更加深入，但我一開始就走錯了，不能再繼續犯錯下去。

畢業典禮後，我和他道歉，他也成爲我第一個親口出櫃的對象。他當然沒辦法接受，我們的關係降到冰點，本想著這段曾經的友誼，就算道歉一輩子，恐怕也不可能修復了。

不過，在和里歐交往後的某一天，他突然約我們吃飯。本來以爲會是前任大戰現任的八點檔劇情，但他卻帶了一位女生前來。

他告訴我，在和我曖昧的期間，不論心裡想的、路上看的都是漂亮或帥氣的女生，他本來以爲這只是一種同性之間的崇拜與吸引，直到最後遇到身邊這位女孩，才確定自己的性傾向。

這是我這輩子都不敢期待的畫面。未曾彩排的兩組伴侶，在那天的下午相互傾吐與鼓勵，進而到現在，都還保有良好的關係聯繫。

我因爲自私和個人的掙扎，浪費了他五年多的時光，這是我永遠無法彌補的，也會一輩子感到深深愧疚。但是我很感謝他願意給我機會，讓我們有機會改寫之後的發展。

未來，我仍然會把他放在心上。

里歐有話想要說

我是那種很有家的認同感及歸屬感的人，所以對於每一段感情都是超級認眞在經營與付出，希望能走得長長久久。在阿凱之前，我有過兩任前男友，還記得當時初戀跟我分手的理由是：「我們分手吧，你太愛我了。」

當下我心想，太愛你有什麼不對嗎？分開後過了好幾年，有了不同的人生體悟才明白，那樣濃烈的愛，原來對對方來說可能是有壓力、有負擔的。

過了好多年，剛好有機會和阿凱一起去到高雄鳳山，初戀和他媽媽一起經營的麵攤。他的媽媽知道我要來，還特地跟附近的攤販買了我愛吃的大蝦子，幫我炒了炒飯；而曾經的他也還記得我喜愛的口味，準備了專屬於我的特餐。

前男友跟現任男友見面的感覺相當奇妙，但是每當想起，還是很謝謝那些曾經的前任；因爲有你們，才能讓我成爲更好的人。

30

臺北的另一個家

「因為〈夫夫劇場〉的拍攝計畫，讓來自中南部的我們，收穫了一群在臺北的家人。」

夫夫之道頻道起源於里歐在世新大學的修課所需，而〈夫夫劇場〉就是我們拍攝的第一支影片，也是至今一直持續的單元。草創初期，我們只有一臺攝影機，團隊成員是我、里歐，還有小組裡負責導演、攝影、剪接的張維剛的三人團隊。里歐負責幕後，我負責撰寫劇本，再由維剛將這些文字化爲影像，向觀眾說故事。

這樣拍攝了一年多後，我們慢慢認識一群用心、專業的年輕演員，其中林沐宏（未改名前叫做林哲弘）的加入，為〈夫夫劇場〉帶來新的變化，不僅認真嚴謹的參與製作，也是因為他的一句話：「還是我們來認真撰寫劇本，然後真的拍成微電影看看？」讓單元有了新的發展。

沐宏後來成為北藝大劇藝所的研究生，一邊參與各種戲劇演出，一邊幫〈夫夫劇場〉物色適合的新成員，因此他加入後七年多以來，我們從原本的三人加上沐宏，到現在前後參與演出的演員將近三、四十位，就像是我們在臺北沒有血緣的家人。

早期的〈夫夫劇場〉沒有餘力支薪，一直是我們最感愧疚的地方。並非不尊重專業，而是我們真的沒有預算，還時常因為各種相關費用入不敷出，設備也陽春又克難。儘管來參與的演員都知道這件事，卻從來沒有聽過他們抱怨，還願意繼續陪著這樣的我們，用最專業的表演，去和觀眾對話。

隨著劇場拍攝，大家感情越來越好，生日或平時會互相邀約。如果各自有什麼戲劇作品，大家時間俱足，也會去欣賞支持，當拍攝時傳來演員的好消息，總是比自己的事還要更開心。

我們一起共創了兩百二十多部〈夫夫劇場〉短片，實際生活中也發生了許多分分合合：有情侶共同來表演後來分手的；有來拍攝後開始交往的；也有人在拍攝期間遇到重大情傷或生命驟變。

最期待每次拍攝完後，大家聚在一起喝酒聊天的時光，雖然幹話居多，也曾有過摩擦，但最重要的是，大家的情感一直凝聚在一起。對我來說，〈夫夫劇場〉是我們這些在臺北努力追夢的人們，永遠都存在的另一個家。

負責寫劇本的我，在創作過程並非永遠一帆風順。有寫到疲乏的時候，也有過觀看次數不如預期的失望，或不曉得該繼續拿什麼繼續和觀眾交流的迷惘。但是，每當困在這樣的狀態時，就會收到張維剛新剪好的、準備在下禮拜四上線的〈夫夫劇場〉。看完以後，通常又會被演員們的表演給感動，忍不住心想：「這麼好看的內容，眞的是我寫的嗎？」

後來我明白，那不只是我的劇本，而是從幕前、幕後到觀眾，一起投入而成就的共同創作。想到這裡，我就又能繼續寫下去。滿心希望能創造更多的故事，期待演員們能帶它走到多遠的未來。撐住我的，是曾經參與這部作品的每個人。

31

出乎意料的善意

「
偶然的交集，
有時卻留下深刻的痕跡，
甚至成為生命中重要的提醒。
」

替代役時，我服務的地點是雲林的仁愛之家。一開始其實對自己的直屬長官有點排斥，他的外表粗獷，菸酒檳榔不離身，一雙兇惡的眼神，給我一種他隨時會因爲不滿而揍我的感覺。偏偏兩人的業務最直接相關，幾乎每天都坐在他的副駕駛座，一起去市區收愛心麵包、到縣政府收發公文、幫他買菸酒檳榔，順便阻止他搭訕年輕妹妹等等。我後來發現，他其實是個面惡心善的老好人。

他似乎對我的感情事非常好奇，但怕麻煩的我謊稱「自己有女朋友」，還拿同公司的女藝人照片充當證據，原以爲就此相安無事，殊不知在兩人越來越熟稔以後，他成爲我在仁愛之家第一位想要誠實出櫃的人。

我眞的開口說了。向長官道歉，自己說了謊，也在里歐同意下，告訴他那位一直在雲林縣政府和他們打招呼的役男，就是我的現任男友。

在聽完我的自白後，大哥露出了微笑。

他說，他早就看過我們兩人的頻道，甚至整個仁愛之家的員工在之前性平教育講座上就已經看過夫夫之道的影片，早已經認識了我們。

我很驚訝，追問他爲什麼不戳破謊言，還陪著我演這段荒謬的爛戲？大哥邊開車邊告訴我：「這是你的隱私，而且這件事，唯有你自己想說時，說出口才有意義。」

這幾句話重重直擊我的內心，當下爲自己的刻板印象及先入爲主感到無知又失禮。

眼前的這位老大哥，從一開始就眞心地對待與尊重我，原來，陷進框架而自我束縛的人，是我自己。

Chapter

4

生為同志，我不抱歉

最好的報復是美麗　最美的盛開是反擊

噢　別讓誰去改變了你

你是你或是妳都行　會有人全心的愛你

————〈玫瑰少年〉，蔡依林

32 提醒自己要保持微笑

「第一次去到里歐老家的房間，牆上貼著一張A3的海報紙，大大地寫著「Keep Smile」。」

我問里歐，爲什麼會有這張「保持微笑」的海報？他告訴我，在高中階段，因爲氣質比較陰柔，同學們聯合學長霸凌他。說霸凌兩個字可能還太輕描淡寫，他們不讓他上廁所、把他的書包丟到垃圾桶、嫌他臭所以把座位移到教室的最角落，甚至在放學回家的路上還會想要堵他。

他回家和媽媽說這件事，媽媽卻要他改變自己，走路不要扭屁股。里歐覺得這一切都不合理，但媽媽和師長也沒辦法解決這件事，既然無法改變現況，他開始請假，一學期有將近一百多堂課都沒有出勤。

但逃避不是辦法，學校還是得去，里歐想了很多方式可以不進到班級上課，像是報名演講比賽、美術比賽等，讓自己大多數時間都能順理成章地躲在語文教室及美術教室裡。

除此之外，社團活動課時，他選了參與由教官帶領的春暉社，到不同的慈善機構去擔任志工。在學習服務的過程中，他發現世界上的每一個人，其實都有各自的課題以及難關。雖然自己正遭受霸凌，但還有更多有著更艱難遭遇的人都沒有輕言放棄，而是更加努力，把自己的每一天活得更精彩。

里歐找回了信心，也更加認識自己。他結合興趣與專業，在北港朝天宮成立寒暑期導覽志工隊，因此得到第九屆ＳＯＣ保德信青少年志工菁英獎的傑出志工獎，還北上到總統府接受總統表揚。不在教室學習的日子，他都在擔任志工的途中，走著走著，他漸漸地遠離了當初那些霸凌他的人，走出屬於自己的另一條路。

里歐從骯髒的垃圾堆裡找回了自信，也找到讓自己美麗盛開的機會。霸凌事件並非所有師長與家人都擅長或能夠解決，有些師長甚至不想牽扯太多，只想保全自己的工作。雖然能得到的幫助有限，但這段經驗淬鍊出他後來的重要信念：永遠不要放棄自己。即使黑暗無光，也有機會踩踏出一條可以前進的小徑。

33 擁抱小時候的自己

「頻道創立以來，最容易碰到的攻擊，
除了因為我們是同志，
就是基於性別氣質的「娘娘腔」這個字眼。」

和里歐相比，或許我比較沒有陰柔氣質，所以幸運地在求學階段躲過霸凌。在同儕裡面，我算是比較會畫漫畫的，於是畫漫畫成爲我的社交方式。和男同學相處，就談《遊戲王》、《最遊記》，還記得我會第一個去買最新的《遊戲王》漫畫，男生們就排隊跟我借漫畫。我和他們一起蒐集遊戲王卡，成爲《爆走兄弟》追四驅車，或是帶著四聖獸的《戰鬥陀螺》，玩溜溜球與彈珠超人。

但我不敢讓他們知道，我最喜歡的是少女漫畫，不敢說當時學習漫畫的畫風是林青慧或渡瀨悠宇，回到家追動漫的時間，我期待的是看到《夢幻遊戲》的片頭曲，還有十二星宿的鬼宿出現在電視裡。我也愛《玩偶遊戲》，想成爲紗南，有一段時間錯恨了風花。

國小的時候，關於畫漫畫有兩個完全相反的事件，一直放在我心裡。

一次是我在下課時間畫畫，科任老師上完課正準備離開，就好奇地站到我身邊，發現我在畫畫，便把畫紙拿起來當著我的面撕掉。「我以爲你是模範生，沒想到居然有這種娘娘腔的舉動。」說完他就掉頭離開。但之後上課，這位老師開始會針對我，要我更有男子氣概一點，甚至叫我拔掉手上媽媽給的念珠。我沒有告訴家人這件事，但直到現在想起來都還是覺得毛骨悚然。

另一次則是我的班導師。他在下課時間看見我在畫畫，下一秒立刻跟附近的同學說：「沒想到某某某這麼會畫畫！」還特別誇讚我畫人物的眼神和衣服的細節。我簡直不敢置信，原以爲會得到跟另外一位老師相同的對待，但他卻仔細地欣賞我的作品，還說：「好好畫，未來或許會走出屬於自己的路。」

兩位老師、兩種反應。如果沒有班導師的鼓勵，我或許直到國小畢業都還會覺得自己畫畫這件事很娘，是種罪惡，只敢遮遮掩掩，沒有勇氣和更多人分享。

長大之後才開始思考，「娘」眞的不好嗎？如果按照字面上的意思，娘有母親的涵義，堅毅又能柔軟，這個字眼，不是陽剛與陰柔並具，最多元又彈性的字眼嗎？隨著時代改變，我們越來越能理解與尊重性別不是只有單一樣貌，每個人都能擁抱自己的特質，學習不再用顏色、氣質乃至於職業去區分性別，而是生而爲人，我們都應該能自由選擇最嚮往的樣貌。

性平教育絕不是要去爲誰洗腦，或強迫任何人怎麼樣才是「正確」的；而是讓更多人能在面對喜歡的事物時，不再需要因爲他人的眼光而退縮，不再受到性別的限制，能在這個世界裡活得更安全、更自在。

長大後，也才能回過頭去告訴小時候的自己：娘又如何？你可以放心喜歡你擁有的所有面向，好好成爲全世界獨一無二的自己。

34

作為一個同性戀

沒辦法說出口要「做自己」，
是因為擔心脫口而出時，
受傷的不只有自己，還有那些深愛的人。

剛開始發現自己對男生抱持興趣和慾望時，確實有一段時間裡，想著自己是不是不正常。不過到了現在，有越來越多年輕的孩子，能自然地揭露自己的性傾向，而當質疑或傷害的聲音出現，會有更多陌生人出來捍衛他，教會大家「尊重」兩個字該怎麼寫。

雖然可能還是會有人用「我喜歡異性，我性向正常」的文字，想區分自己和其他不同群體，但什麼叫做正常呢？其實如果追溯過往，正常的指涉一直隨著時代在淘汰和轉換。

一夫多妻是正常、男主外女主內是正常、有些職業完全禁止女性／男性是正常；但用現代的眼光來看，那時候的人們，也未免太不正常。沒有人能保證在長遠的未來裡，會不會哪天自己突然成爲少數群體，被他人視爲異端。

里歐和我都經歷過性傾向必須遮遮掩掩的時代。曾經遇到一位我們頻道的觀衆，他當時還只是十七歲的男孩，因爲家庭因素寄居在教會裡，只因爲喜歡男生被教會發現，就被視爲惡魔，要他半夜整理好行李立刻離開。

也曾在旅行中認識一對男同志伴侶，是已經結婚的夫夫，和我們說要前往美國定居的計畫。但這件事直到當時，其中一方的父母仍然不知情，以爲兒子只是功成名就、要去國外發展，卻不曉得背後有更多的心酸。

我問他，有想要試著告訴家人嗎？但父母已經年邁，只要新聞出現任何同性議題都十分敏感，甚至口出惡言。他們不曉得那些詛咒，一字一句都是一把刀，插進他的孩子心裡。於是這一輩子，親子之間恐怕再也沒有機會能吐露眞相。

因爲對這些深有體會，我和里歐對用字都十分斟酌與敏感，因爲這是對自己、也是對他人的溫柔；雖然無法立刻改變他人，但或許我們可以從自身做起，讓世界更溫暖。

曾和朋友聊天時說到，「如果能選擇，你還想當同志嗎？」這當然不是一件能控制的事情，只是純然的假設。不過對方馬上回應：「不要了！太累、太痛苦了！」他不喜歡說謊，可直到回答這個問題的此刻，他還是和家人說著一生都無法吐露眞相的謊，也因爲他的職業需求，必須表現出大眾對男性抱持的傳統樣貌，這個表演，可能一演就是一輩子。

作爲同志的辛苦，還在於不只要把自己和生活打理好，爲了不被他人討厭，還要保持永遠得體，因爲只要你有一絲錯誤，大眾就會把你和整個群體貼上標籤。異性戀犯錯，大家只會去檢討犯錯的人，但今天若失誤的是同志，就會變成「你們同志都這樣」。因此每一步都踩得小心翼翼。

乍聽已經很辛苦，同志群體又對自己和他人的標準很高，要有品味、要自律、要管理體態、要對事情有見地、要有智慧、還要懂得時時爲自己捍衛，要會吵架也要會筆戰，要在正職工作之間去時間管理，閒暇時要出來做志工並且上凱道或立法院，去爲更多人的權益抗爭。

忙這些以外，還要談戀愛，尋覓一個能夠契合自己並且走到最後的人。

但是，有另一位同志朋友的回答是肯定的。

這麼累，爲什麼還要選擇一樣的路呢？

「因爲這種種的困難與磨練，才造就現在這個獨一無二又溫暖的我啊！」這麼說的他，眼裡發著光，如果說感謝一切的磨難造就現在的我們確實有點矯情，但又不能否認，曾經走過的路，把我們帶到了此刻。

有時候，一個人會不夠勇敢，但兩個人的陪伴可以產生力量；當一個人走得慢，一群人卻能走得更遠。謝謝這條路上，那些從來沒有拋棄我們、並眞心願意和我們相互理解的人。

35

辦遊行幹嘛？因為有人需要啊！

「無論關心世界或只愛自己都能來，因為遊行現場就是一個接納萬物、讓任何人都能自在活著的地方。」

我這輩子第一次參與的遊行活動，是里歐帶我參加的臺灣同志遊行。

和他交往前，雖然知道有很多人在爭取許多權利，但因爲活在同溫層外，並沒有眞正去關心，直到實際參與，才曉得原來自己能擁有這麼自由、這麼幸福的生活環境，其實是有許多先行者走在前方，流血流汗仍沒有放棄。

第一次聽說遊行活動，麻瓜如我，只知道可能是一群同志會聚集，對現場毫無想法。直到親身參與，才發現一切遠比想像中來得更加溫暖、也更加龐大。

活動現場充滿了友善的氣氛，而且各種不同的議題都能在這裡展現：有人關心動物權、有人關注女性權益。當時有更多討論圍繞在同婚能不能通過，有人在現場拿著麥克風解釋議題的進展，有人發標語，還有人進行 Free Hug 擁抱大家。

雖然彼此陌生，但在這裡的人並不只關心同志權益，而是生而爲人會接觸到的所有面向。

還記得那天活動結束後搭上捷運，我的臉上用蠟筆畫了彩虹旗，面對其他乘客有些不自在，但同車廂的同志朋友們高調又自信，那無所畏懼的勇敢，深深令我著迷。

頻道創立後不久，我們收到觀眾的提問。他說：「同志遊行是不是都在現場性交、進行多人運動？」看來他想像中的活動相當放蕩淫亂，但從他的語氣聽起來並不像反串，而是眞心想發問。

原本遊行現場的美好氣氛，就在我們心中持續發酵；加上觀眾的疑惑推了一把，於是我們決定，那把每一場遊行都拍成影片吧！讓更多人理解同志遊行到底都在做些什麼？又爲什麼舉辦？

我們訂下的拍攝原則很單純：只要是臺灣所舉辦的遊行活動，若能親身參與，我們就會到現場拍攝影片，並在活動舉辦後的隔週禮拜一將影片上線，讓大家在感覺還沒跑掉時，延續遊行的感動。此外，盡可能要加上英文字幕，讓國外的朋友們可以知道在臺灣這個地方，有許多人正爲平權而努力，也希望看到影片的人們，都能因此獲得一點往前進的勇氣。

這個計畫生起，一跑就是將近八年的時間。

從花東彩虹嘉年華、臺灣同志遊行、高雄同志大遊行、嘉義彩虹生活節、宜蘭驕傲大遊行、台南彩虹遊行、台中同志遊行、苗栗愛轉來平權遊行、雲林彩虹遊行、桃園野餐日、新竹彩虹文化祭、屏東彩虹祭、彰化彩虹文化季、台南粉紅點、台中基好生活節等等；雖然臺灣風氣自由，卻也仍舊有陽光照不到的地方，正因爲每個角落都存在著多元群體，才需要在地活動給他們力量，帶來足夠的愛、支持與鼓勵。

而這樣的活動，也能讓在地人看見多元群體，進而產生好奇，畢竟平常他們很可能沒機會去接觸到這樣的人。印象在雲林舉辦第一屆彩虹遊行時，就有一位推著輪椅的長者，坐在輪椅上對著我們比讚。

他或許不知道我們在幹嘛？也或許對多元群體沒有太多研究與認識，但起碼他參與了雲林彩虹遊行，他覺得很快樂，想給我們善意的鼓勵和回饋，這些小小的心念，不就是舉辦這些活動最重要的核心所在嗎？

開啟遊行拍攝計畫以後，遇到考驗最多的，就是臺灣同志遊行。記得有次遊行隊伍分成三條路線，簡直是體力和腦力的終極試煉：從相同的地點出發，但是路線開始分歧時，要怎麼選擇？又要怎麼拍攝才稱得上完整？

「還是我們三條路都拍？」

我和里歐不約而同地說出這句話，是啊！沒有任何一個群體應該被拋下，那就衝吧！也苦了當時跟著我們的小幫手，以及許多只要有遊行活動就會到現場陪我們一起走的頻道觀眾們。

有些朋友第一次和我們見面走遊行還會梳妝打扮穿跟鞋，再下次見面已經是全套的運動服裝配上跑鞋了。他們知道，跟著我們拍攝遊行就是馬拉松，必須一直跑！

三條路線的拍法非常刺激，先拍完第一條路線以後，要馬上跑百米般地前往第二條路線，第二條路線跑完馬上緊接著捷運加上計程車趕到第三條路線，才有機會捕捉完全。

更別提遊行還是我們兩人最容易被認出來的時刻，一不小心就會在原地舉辦簽名拍照會，但大家也都很體諒我們，還會有人主動幫忙管理秩序，告訴其他人：「這張拍完夫夫就要跑步了！不然他們會拍不完影片！」

而讓我們料想不到的，是遊行影片拍著拍著，居然有幸能夠接到第二十屆與第二十一屆臺灣同志遊行的主舞臺主持，尤其第二十屆擁有時代性的紀念意義，又是疫情和緩，眾人終於能夠走出來的時刻。

我們在臺上和其他五位主持人共同喊著「遊行出發！」然後一一唱名現場的所有團體，望著各個企業組織與學生社團，還有每一個支持活動的友善人們，大家的臉上掛著熱情的笑容，展現出最自信的樣貌，走入人群、走到大街上，感動延續不斷地鼓舞著大家前進。

謝謝這片土地上有這麼多關心多元群體的人們，讓我們得以自在呼吸，享受生活的自由與多元，像一首動人歌曲，在我們周圍放聲唱著。

還記得，我們第一支影片拍攝的是花東彩虹嘉年華。在臺東，大家從出發就在跳舞，好像有用不盡的體力與熱情，一直跳到山那邊的天空慢慢轉成浪漫的藍紫色漸層，跳到星星都出現了也不感到疲累。

有些人走著走著，走到終點。
而有人還繼續跳著，爲自己那獨特又美麗的靈魂舞動。
這麼多年以來，那悠揚的旋律始終持續唱著，從未間斷。

36 立法院外的彩虹

「從沒想過兩人交往，約會的地點時常都需要跑到凱達格蘭大道，或是立法院。」

在公投時期，我們兩人分別投入臺南和雲林地區的小蜜蜂志工行列，也曾和身邊的創作者朋友們一起在臺北西門捷運站的六號出口外，用大聲公懇請來往的群眾，給我們五分鐘的時間說明公投內容、多元群體的處境，以及我們在爭取什麼？

曾遇到兩位年輕人，用不耐煩的語氣問：「天氣這麼熱，你一定要現在跟我說這些事嗎？」可是公投時間越來越接近，如果此刻不努力，又要如何能跟更多人對話呢？也遇過捍衛自己信仰的教徒，圍著我們希望能驅除掉我們內心的惡，但他的舉動，卻帶給我們更大的疏離與恐懼。

不過，也有家長認同我們而加入，此後的兩三天，自告奮勇一起發傳單、對路人說明，甚至遭遇質疑時挺身而出，守護我們。

「我也有孩子。如果有一天，我的孩子必須上街頭爲自己的認同努力，我也會支持他。」

雖然公投結果不如人意，但在成爲小蜜蜂和大衆對話的階段，仍遇到願意聆聽和理解的陌生人，過程也交到許多盟友，至今大家仍相互陪伴。除了擔任小蜜蜂，各地區的同志遊行與市集活動也必須參與；有許多中間人士對同性婚姻還在觀望，這些活動能讓他們認識同志族群。那陣子，凱達格蘭大道也常舉辦音樂會，除了讓歌手和公衆人物有機會能出面響應，也能透過這個場合，凝聚四散的孤獨靈魂們，並有機會和倡議團體進一步交流。

從沒想過當同志這麼累啊！更沒想過和里歐交往以後，倡議成為日常，爭取也變成兩人生活裡重要的一部分。

二〇一九年五月十七日，立法院表決同志伴侶是否能擁有結婚的法律保障。那天清晨六點多，一群朋友就相約要到立法院集氣，有插畫家「阿啾繪圖同萌」的阿啾和學長、小銘小玄夫夫日常、那那大師、林沐宏、皮卡忠、江瑋揮；所有人一見面，馬上大抱怨有夠早，還開玩笑說同志眞的很累，要爭取還要早起！雖然這麼說，臉上卻還是帶著微笑。

後來立法院外下了一場大雨，但聚集的人潮卻沒有因為雨勢而退卻，反而看見越來越多人撐著傘前來。打過照面的朋友、曾經擔任志工的人們，所有盟友都來了！大家塞滿這條街，往更遠更廣的地方發散。大家一起淋雨，每個人的眼神都帶有不安，卻紛紛祈禱著好消息會傳來。

直到最關鍵的第四條，明定同性兩人有權結婚登記，確認本法爲同婚專法——當議事槌敲響，彷彿也爲當下的歷史，敲一聲多元、自由和更寬廣未來的聲響。

同志群體可以結婚了！身邊相愛的人都能邁入下一個階段了！尖叫聲響徹所有立法院外，有人哭了，有人擁抱，有人收起傘，感受雨水的滋潤。我們的爭取，終於迎來一點點好消息，那麼多人的努力發出芽，可以再繼續澆灌，努力前行。

正當強烈的感動瀰漫四周時，雨勢越來越小，天空中出現一道彩虹。

當時的彩虹，平等無私地高掛在天空，彷彿是所有磨難與風雨過後，自信與美麗的具體化。那一幕景色，將永遠放在我們兩人的心中。

37 回北港，幫媽祖過生日

原本只是隱約知道北港有座媽祖廟，
直到和里歐交往，
我才慢慢成為半個北港人。

最早開始認識北港，是因爲在地美食。爲了頻道早期的〈夫夫愛吃鬼〉單元，我們在各自的家鄉雲林和臺南，分別拍攝了許多支介紹美食的影片。臺南不用說，美食之都是全臺共有的默契；而在拍攝北港美食前，身爲臺南人的我還暗自驕傲，認定不可能會有食物勝過臺南美食在我心中的地位——直到里歐一間一間的帶我認識北港小吃。

我品嘗到北港人特有的早餐麵線糊，將白麵線煮至成糊以後再融入一顆蛋黃，使得蛋黃液和白麵線相融，入口即化的麵線夾帶著蛋黃的香氣，而剩餘的蛋白則做和滷汁搭配，做成蛋白滷，可以一起放進麵線糊裡吃，或是跟著油飯一起入口，非常迷人。還有鴨肉飯、煎盤粿、地瓜餅、鹼粽冰、超級大杯的綜合水果牛奶、廟口附近的一郎豬腳飯、朝天宮隔壁的蓮子羹加上鮮奶，若有勇氣還能挑戰青蛙湯……我就這樣一口一口地親近了北港的土地，再也離不開了！

食物帶著我認識北港，而要到愛上北港，則是因爲這裡特有的在地文化與人情味。

北港人一年一度最期待的盛會，被當地人稱爲「北港人的過年」，這天並不是農曆正月初一，而是媽祖婆的生日，農曆三一九大熱鬧。只要時間一到，所有北港出外的遊子都會特地排假回到家鄉，一起爲媽祖婆慶生。

北港大熱鬧分爲兩大重點，遶境和藝閣。

媽祖遶境是由在地居民所組成的轎班團隊，將媽祖娘娘的座像移至神轎，在全北港鎮進行繞境守護。這段時間家家戶戶設立香案，準備鮮花供果，虔誠地在家門前合掌等著迎接媽祖婆到來，等著每一年能夠和祂親自接心的時刻。

也有居民會準備非常多鞭炮守候，據里歐說明，有些轎子會「吃炮」，有些轎子不喜炸炮，吃炮的方式也非常特別：信衆會將鞭炮堆積成小山狀，將轎子放在鞭炮山頂，所有轎班人員與信衆背對神轎，形成向外擴散的同心圓，鞭炮施放後，團團的火焰與煙霧會圍繞大衆，去除邪氣，若是虎爺神轎的炸炮，還有喜迎財氣的效果。

除了炸炮，在大熱鬧時期也能看到臺灣傳統三大炮：犁炮。犁炮的由來，是早期農業社會時，運用犁田犁頭上的鐵片作爲加熱，當鞭炮的引信刷過鐵片就會點燃，再往神轎下方丟擲，有「越炸越旺」的涵義。

我曾經因公採訪過一位扛轎的大哥，詢問爲什麼北港人這麼虔誠，願意排除萬難地參加這個活動呢？他回答：「媽祖婆無私地照顧大家三百六十五天，只有這幾天我們能夠好好服務祂，所以一定要回來。」這個活動承載著這片土地上人們的信仰，背後的信念則是對於媽祖恩情的愛與回報。

轎班人員多數刺龍刺鳳，看起來不好惹，但可能因爲我們太常拍攝和北港相關的影片，也遇到過被他們大聲喝斥，以爲我們惹到他們快要被打時，下一秒對方卻上前送給我們兩個吹好的氣球，露出笑容說：「夫夫之道！我有看你們影片，來，這個氣球給你們。」

也曾遇過臉上有著疤痕，令人心生怯意的大哥對我們比讚，要我們兩人繼續努力；或是容易被貼上台客標籤、海派又豪邁的一群人，見到我們在拍攝，害羞地想整理儀容，還跟我們說：「要拍帥一點喔！」的可愛舉動。

在這個文化匯聚的展演現場，我和里歐意外地可以自由展現兩人情感最眞摯的樣貌，也常因爲當地居民的照顧或陪伴而感動。

大人忙著遶境，另外一批大人和小孩，則關注北港大熱鬧的另外一個重點活動：眞人藝閣。

藝閣車是北港傳統的工藝師代代相傳的古老技藝。一臺改裝的藝閣車，上頭有木匠和工匠的巧思，可能是龍鳳或展翅白鶴等立體造景，搭配腳踏車的座墊椅，有些座位固定在車身上，有些則製作成能夠升空或旋轉飛行的形式。每臺藝閣車都承載著不同的歷史或神話故事，而在北港出生的小孩，都可以向他們居住所在地的里長申請坐藝閣車。

聽聞里歐說，能坐上藝閣車是很不容易的機會，到學校還可以跟其他同學炫耀。小時候他居住的里算是在北港市區範圍外，原本沒有機會參與，但因爲他實在太想坐藝閣車，小小年紀就學會拿著中華電信的電話簿，打電話給每一個里的里長報名，也因此他幾乎從小到大都有參與到。

坐上藝閣車的小孩會呼應故事而扮裝，比如說若主題是西遊記的孫悟空，就會幫車小孩畫上悟空的妝容，穿古裝、戴頭套，有點類似歌仔戲的裝扮。除此之外，家長會準備好幾袋的紀念品★，讓孩子在遊行時將小禮物從車上丟給圍觀欣賞的群衆。

因爲里歐，我們有機會參與藝閣車的拍攝，也有幸認識長年研究漢服文化與廟宇彩繪傳統工藝的黃志偉老師與陳綵璘老師。他們

★ 可能是餅乾、小吊飾，若家裡務農，還可能會準備各種蔬菜水果（凱）

夫妻倆爲了藝閣車文化深耕許久，也讓我有機會體驗到藝閣扮裝。

原本以爲是難得一次、親身體驗藝閣的活動，沒想到從那時起，每年回北港坐藝閣車成爲我們的固定行程。志偉老師覺得我和里歐的扮相不分男女，十分上相，因此我們也會以女裝的扮相去和大衆互動。

我們曾扮過《洛神賦》、《鄭經迎寧靖王渡臺監軍》，甚至我還扮過媽祖，在藝閣的評分日大獲好評。因爲想將這樣的喜悅和朋友分享，在二〇二四年，我們邀請朋友同時也是藝人的阿本、查理和插畫家可愛大王緯緯和原子少年善鈞與明德一起參與，所裝扮的《十二花神賀壽》，還在評分日拿下亞軍的佳績。

其實穿古裝坐上藝閣車是一件非常辛苦的事情，尤其因爲安全考量，需要被繩子固定在座位上，兩三個小時下來，身體的疲憊與痠痛感就會席捲而來，但當聽見、看見夾道群衆的呼喊與鼓勵，就會覺得自己還可以繼續下去。

我最喜歡行程最後繞回中山路的時刻，當緩緩向朝天宮靠近時，很神奇地，所有的身體不適感都會消失無蹤。彷彿無論經歷多少的傷痛、挫折，慈悲的媽祖婆仍會溫柔擁抱你的所有，也令人感應到信仰的不可思議。

記得今年藝閣車結束時，有朋友開玩笑地問志偉老師：「老師你這臺車上好多多元群體的朋友，會不會以後整臺車都是，就變成同志遊行的花車了啊？」沒想到志偉老師很認眞地回應道，他覺得文化傳承本身，就是多元力量的展現，他很支持我們，「如果同志遊行有需要藝閣車跟我說一聲，我們都會去幫忙。」老師和師母笑著這麼說。很多時候，能讓我們有力量繼續往前，就是因爲擁有這樣的愛與支持啊！

回北港，就是回家。

不論再忙，不論離自己的夢想有多遙遠，每年都要撥出時間，一起回家。

歐凱小劇場

倒戈的臺南人

有次里歐問阿凱，
要不要一起回北港休息幾天？
當時一心只想在臺北每天睡到飽的阿凱，
也已經有既定的行程不想更動，直接拒絕。
但是拒絕後，
阿凱的腦海突然閃過北港的麵線糊，
於是下一秒就整理行李，
朝著麵線糊直奔而去。
去了北港的阿凱，
甚至沒有告訴里歐，
也沒有去借住里歐家。
他特別去住在朝天宮的飯店，
為的只是一大早就吃到最熱騰騰的麵線糊！★

★ 欸，超扯，我整個比不上
一碗麵線糊，
我問號！！！（歐）

38

蓋一座真人圖書館

「在資訊爆炸的時代，影片可以初步傳遞想法，
但真誠地面對面的溝通，
仍是促成理解最重要的方式之一。」

每一次的演講對我們來說都是一次珍貴的對話，因為臺下的觀衆終於能夠親眼看見兩位男同志。或許平常他們身邊也有，卻不像這樣能實實在在、光明正大地在他們面前放閃、分享生活，以及讓他們瞭解到：我們和他們都相同。

因為頻道經營，我們曾去過許多大專院校分享，也有機會去到國中或高中，和同學們交換自我認同的心境，並告訴大家每個人都

是獨特的，沒有人需要爲自己的認同而感到羞恥或不安。

在這個過程裡，我們彷彿變成一本書，只是這本書會說話，有情感和情緒，你可以前來翻閱，也可以對書中內容直接提出疑問，在這樣一來一往的過程裡，常會有些有趣或感動的故事持續發生。

記得有次我們前往某間大學，因爲是輔導室爲校內教授們所安排的一場性平講座，臺下的聆聽者都是教授和老師。行前我們十分畏懼，因爲那感覺根本是在做期中報告，深怕自己講錯什麼，師長們就會直接反駁，給予指教。

老師們很用心地聽完全程，結束後有一名屬於比較臭臉類型的教授舉手發問，原以爲他有什麼意見或不滿，沒想到他卻走上前來，給我們兩人一個擁抱，並說：「你們辛苦了，我支持你們。」

在場有另一位教授詢問：「如果有兩位男生在課堂上卿卿我我，

請問該怎麼和他們溝通？」聽到這個問題時眞的覺得教授很可愛，我們的回應是：「不管是哪一種性傾向，在上課時卿卿我我，那就是一種不尊重師長授課的態度，其實老師可以直接給他們提醒都是沒問題的。」

只因爲對象是兩個同性別的學生，老師反而擔心起該如何提醒，才不會傷害到他們的自尊，卻忘了最好的處理模式，就是一如平常即可。不因爲性傾向的不同而有所改變，就是對每個人來說最平等的方式。

有次去學生的通識課程分享，能感受到學生是爲了學分才勉強前來，上臺前還聽見有學生在嘲笑其他同學的性別氣質，大聲說「死GAY不要靠近我們」。

上臺後，我們向他們自我介紹：「哈囉我們是夫夫之道，我是阿凱／我是里歐。從現在開始的一個半小時，會有兩個死GAY，來和你們分享關於愛的故事。」

在活動結束後，我們多半收到的都是良善的回饋，縱使一開始不理解或懷抱恐懼，在聽完我們的分享以後，通常都（很感謝地）能得到善意的回應。這樣的現場交流與對話，對我們來說具備很重要的意義。

無論頻道、現場演講、分享到參與遊行或倡議，一切都始於夫夫之道頻道經營的初心。那是頻道開創時，世新大學的江亦瑄老師（現任職於體育大學）給予我們的祝福與期許：「要有社會責任，要富有教育意義，不要讓信念消失，永保初衷。」

我們一直懷抱著這樣的心念，去和大眾做更多的交流。這本書的出版，是另一種形式的展現，將我們這九年來所經歷、參與的人生，真正變成一本書，用文字和故事，陪伴著你。

致謝

小洋蔥，你的顏色是彩虹

我們頻道觀衆的粉絲名叫做「小洋蔥」。會特別想寫一篇給大家，是因爲在好幾個想要放棄的夜晚，是因爲你們的陪伴，才讓我們能夠往前。

沒有人有義務對任何一個人好，但從頻道創立至今，我們遇見的人事物，總像一顆顆太陽般溫暖著我們。

常有人告訴我們，夫夫之道的影片帶來很大的力量；但其實，眞正得到力量的，一直是我們。

有一位小洋蔥，身體有一點點不方便，他曾覺得自己不完美或是與他人不同，但我們從來不覺得他和別人有異。尤其每次遊行，明明路線長達數公里，他仍堅持陪我們走完全程，將彩虹旗披在身上的他，看起來無比耀眼。

有一位小洋蔥，因爲戀情和工作的雙重打擊而非常痛苦，但他熱衷於追泰國腐劇，化悲憤爲動力，最後在里歐主持泰腐見面會時，還能幫忙翻譯，在許多時刻給予我們支持。

有位小洋蔥和他的妹妹，一開始支持我們時妹妹還只是國小生，姐姐是國中生，他們看著我們成長，我們也陪伴他們長大。孝順顧家的兩姊妹，現在一位剛經歷完會考，一位成爲會計師，我們相互陪伴的精神直到現在都還持續著。

有兩位小洋蔥，曾在我和里歐兩人於西門拍攝宣傳照時，在現場陪伴著我們。因爲有接吻的片段，那時大家對兩個男生接吻感到新鮮而吸引觀衆圍觀，當時我們緊張地說：「會不會被攻擊啊？」但兩位小洋蔥挺身站在我們前方，告訴我們：「別怕，如果有人攻擊你，我們會擋在你們前面。」

有一位小洋蔥，因爲里歐急性腸胃炎掛急診，身爲院方醫師的他得知後主動聯繫我們，還教我們後續的照護方法。他後來成爲〈夫夫劇場〉的英文翻譯人員，直到現在，還仰賴他專業的外語能力，讓〈夫夫劇場〉能被國際上的觀衆給看見。

有兩位小洋蔥，因爲情傷而分別看了我們的頻道，之後因爲頻道的實體活動而認識，進而走在了一起，雖然遠距離，卻一直用愛在聯繫。

有一位小洋蔥，在大型連鎖購物中心上班，他幾乎是用盡全力在愛我們和保護我們，所有活動一定會參與，還會在一旁貼心照顧我們。有時候要陪我們流汗，有時候也要爲我們淋雨，雖然不能因此而獲得什麼，卻還是無私地陪伴我們至今，在我們心裡有非常重要的位置。

有一位小洋蔥，每逢初一十五或重要的日子，會替我們去廟宇祈福，把我們的事和菩薩說一說，眞心爲我們的平安和事業祈禱，替我們的一切祝福與感到開心。

有一位小洋蔥，常和我們分享伴侶關係，苦於想要有小孩的他試遍各種醫學和偏方，就在下定決心要做試管嬰兒前，我們收到他的超音波照片，告訴我們他順利懷孕了！他希望我們能第一個看到孩子的照片。

有一位小洋蔥是位媽媽，帶著女兒來參加我們服役前的剃頭見面會時，也剃了平頭。他說，我們的影片帶給他力量，因此他也陪我們剃頭，希望看不到彼此時也能繼續撐著我們前進。

也有一位小洋蔥，在臺中開麵包餐車，是一位母親，帶著兩個兒子支持我們。他有對我們的疑問，卻更多是與我們交換生活裡的訊息，有時感動，有時帶點酸甜苦辣，卻能彼此聆聽，成爲深遠的力量。

也有幾位小洋蔥，在寒風天大老遠騎車來草屯，只爲了與當時正在吃火鍋的我們見上一面，日後也開啟許多祝福與陪伴。還有那位每到臺中必定會見面的男孩，曾一起在飯店品嘗美味的炸雞，以及陪伴我們好多年、曾在基隆的彩虹屋景點前合照的小洋蔥，總是能收到他傳來像小作文般的感人訊息。

還有許多許多：給我們演出及主持機會、在各種人生的難得階段時送花給我們，來自四面八方，甚至臺灣以外的祝福和陪伴。

俯瞰夜晚的城市時，眼前每間房子都是一盞溫暖的光，那些光芒或許遠近各不同，卻在暗夜中紛紛閃爍。對我們來說，你們就是這樣的存在，讓我們能夠不畏懼夜晚，走過每一個孤單的時刻。

謝謝你們，陪夫夫之道成長。

你們永遠是我們無可取代的禮物。

這條路，我們一起繼續走

這本書想獻給我們兩人的堅強後盾：蘇美惠、楊文娟、楊文碧，謝謝我們的三位媽媽和兩家人，時時刻刻陪伴著我們，給我們力量。

謝謝促成這本書的所有善緣——主謀玲玲、體貼的花花和雅云、經紀公司汗土娛樂老闆莊曄、經紀人嘉君姊、拍攝美美封面照的攝影師麥麥、妝髮孟孟、和一直爲我們打理頭髮的艾文與三場簽書會造型師 Tim、一直照顧我們的臉蛋與氣色的美渥館小呂醫師，和嘴巴很壞但心地善良，一直愛著我們的 Cody。

還有願意爲《不ＯＫ的我們也很好》推薦的臺灣濱崎步王彩樺、炎亞綸、YouTuber 阿卡貝拉、作家盛浩偉、小說家陳雪、大慕影藝內容總監簡莉穎、玄奘大學宗教與文化學系教授兼系主任釋昭慧法師以及諮商心理師甘雅婷。

謝謝書宇，你最期待這本書的產生，相信現在在美麗的地方的你，和那些早一步先去到美好地方的朋友們，都能開心地笑著，都能好好的。

謝謝正在看這本書的你，不論你的自我認同是什麼，請相信你都是獨一無二、最美麗的存在。世界是因爲有各種不同才能繽紛，我們每一個人都值得被愛。

謝謝一路上幫助與陪伴我們的所有緣分，點滴心意凝聚成大海，我們會永遠感恩在心。最後，夫夫之道的阿凱里歐，謝謝王盈堯、陳荐宏，這條路，我們一起繼續走。

我在佛光大學的校內飯店，在百萬人興學會館的一間雙人房，窗外能看到日出日落，有山、水、大海和蟲鳴鳥叫陪伴，一個人躺在床上發呆，看著夜景一點一滴的閃爍。九年的時光，慢慢從內心裡一段一段化爲光影，在腦內淸晰地跑過一遍。

我在這裡主動認識里歐，開啟因緣，也在這裡，完成我們的第一本書，使因緣能夠再繼續前進。

里歐，全世界除了我的家人以外，就只有你會無條件地覺得我很好，欣賞我的文字，甚至相信我能做好每一件事。

出書，是你一直希望我能夠完成、然後送給我們的禮物。這個夢，花了好長一段時間，終於開花結果。

我們一起走了九年，怎麼可能近六萬字的內容能夠說盡，但從頭細數，我們談情說愛的時光、爭吵的時光、差點走不下去的時光，以及從我們兩人發散出去，所付出與獲得的各種因緣時光，都是難遭難遇的美好。

謝謝你一直都在，謝謝我能夠遇到你，謝謝我們從來沒有放棄彼此和自己。

這幾天，我又夢到那座高聳入雲的兩座高塔，但村裡的人不再競爭，我也沒有再把你扯下，而是和你一起，一步一步地往上攀爬，想看得更遠、更清晰，看見雲以外的世界，還有什麼在繼續等待著我們。

終於，遇見你，從我到我們。

未來，也要繼續陪著你雙腳上的世界地圖，一步一步去看世界的風景，然後帶你和我們的家人一起往前。

最後大聲地說：作爲一個同性戀，我很幸福，也從不埋怨。

阿凱

一直以來在這段關係中，我就是一個只動口不動手的人。謝謝阿凱無條件地愛著我的一切，我常笑說：「我的可愛都是阿凱給的。」如果沒有阿凱，我可能對自己不會這麼有自信，不會這麼愛自己，是他教會我如何去愛。謝謝他，把這本書從無到有寫了出來，在寫【里歐有話想要說】的時候，一篇一篇地看完，有種回到二〇一六年一月十五日正式交往那天、重新把每個階段走過一遍的感受，提醒我這個金魚腦，有一個人始終如一地這樣愛我。

希望我們都能持續愛著——無論是對自己、對方或這個世界。

里歐

不OK的我們也很好

作　　者　夫夫之道（王盈堯、陳荐宏）
責任編輯　許芳菁 Carolyn Hsu
責任行銷　鄧雅云 Elsa Deng
整體裝幀　謝捲子@誠美作
版面構成　譚思敏 Emma Tan
校　　對　黃莀肴 Bess Huang

發 行 人　林隆奮 Frank Lin
社　　長　蘇國林 Green Su

總 編 輯　葉怡慧 Carol Yeh
主　　編　鄭世佳 Josephine Cheng
行銷經理　朱韻淑 Vina Ju
業務處長　吳宗庭 Tim Wu
業務專員　鍾依娟 Irina Chung
業務秘書　陳曉琪 Angel Chen
　　　　　莊皓雯 Gia Chuang

發行公司　悅知文化　精誠資訊股份有限公司
地　　址　105台北市松山區復興北路99號12樓
專　　線　(02) 2719-8811
傳　　眞　(02) 2719-7980
網　　址　http://www.delightpress.com.tw
客服信箱　cs@delightpress.com.tw
I S B N　978-626-7537-42-8
建議售價　新台幣380元
首版一刷　2024年11月

國家圖書館出版品預行編目資料

不OK的我們也很好／王盈堯，陳荐宏著. -- 首版. --
臺北市：悅知文化 精誠資訊股份有限公司，2024.11
面；公分
ISBN 978-626-7537-42-8（平裝）
1.CST: 同性戀 2.CST: 戀愛
544.751　　113016052

建議分類—心理勵志

僕の明日には　いつでも君がいて　どんな迷いも鎮める　風になる
在我的明天　一直也有你在　怎樣的迷失也平息　成為風

——〈未來〉，可苦可樂

夫夫之道的阿凱（右）和里歐（左），
攝於第十三屆高雄同志大遊行。

1 告白當日品華幫忙點的愛心形狀蠟燭。
2 告白小物：鮮花、巧克力和結婚證書。
3 2016 年，阿凱在臺南向里歐正式告白。

交往後的第一次遠距離，
里歐在紐西蘭拍照傳給阿凱的兩隻花豹。

阿凱、里歐會跟阿凱媽媽一起去參加佛光山的共修。

阿凱與家人都是虔誠的佛教徒，里歐則在高中時開始參加佛光山的共修和童子軍。兩人交往後對了一下時間，很可能在高中時曾在北港見過面。兩人交往約半年時，一起去參加七日的短期出家，還不小心誤剃光頭，留下了震撼人心（？）的照片。

← 弟弟好高！

（上）過年時，阿凱和里歐兩家人會相約前往佛光山祈福。

（下）左至右爲阿凱、二姨、媽媽和弟弟，攝於佛光山大雄寶殿前。

（上）里歐媽媽在銀行工作滿 45 年退休的那天，里歐和阿凱從臺北跑回老家，還做了紅布條。媽媽感動又尷尬，最後也不忘和天下媽媽一樣補上一句：「浪費車錢。」
（下）里歐與媽媽。

農曆三一九媽祖生日時，家家戶戶都會辦桌請客。在阿凱心目中，里歐家就是這樣的形象：一大家人熱熱鬧鬧的圍著大圓桌吃飯，而自己也慢慢成爲了這個家的一份子。

1 里歐和阿凱的二姨都是牡羊座，兩人會一起慶生。
2 阿凱媽媽、二姨和兩人一起過聖誕節。
3 四人一起參與第七屆台南彩虹遊行。

2

1

3

過年期間，阿凱全家人會去找里歐家團聚。

1 夫夫劇場的拍攝幕後，只有一臺相機和一支用膠帶捆著的麥克風。
2 大家一起幫夫夫劇場的演員焦焦慶生。
3 與導演維剛、演員沐宏、昶維及思穎以夫夫劇場入圍第四屆走鐘獎。
4 成立頻道三年時，第一次請演員及貴人們吃尾牙。

1

2

3

4

1 阿凱、里歐以及里歐的姪女們。這次兩人的藝題是《鄭經迎寧靖王渡台監軍》。

2 北港大熱鬧期間，拍攝影片的兩人遇到熱心朋友送上結緣品。

3 國小四年級時，里歐第一次靠自己打電話得到坐藝閣的機會。

4 藝師黃志偉老師為阿凱打造的天上聖母扮相。

5 翻轉古代歷史故事性別的十二男花神。這一年還有好朋友阿本、查理、可愛大王緯緯、原子少年善鈞與明德一起參與。

1

2

4

3

5

1 參加第十屆高雄同志大遊行，主題是「十年同遊，你好嗎？」

2 同婚通過當年站上台中同志遊行舞台發言。

3 第六屆台南彩虹遊行時第一次擔任「戰車」主持人。

兩人連續主持第二十、第二十一屆臺灣同志遊行。

家中的第一個演員——橘貓七七。
七七，謝謝你來當我們的家人。